大日月地神示【前巻】

神人

野草社

大日月地神示　前巻

もくじ

はじめに　12

日月地神示（ひつきちしんじ）　25

「あ」の巻　26
「い」の巻　29
「う」の巻　33
「え」の巻　34
「お」の巻　38
「か」の巻　45
「き」の巻　52
「く」の巻　55
「け」の巻　64
「こ」の巻　69
「さ」の巻　77
「し」の巻　84
「す」の巻　90
「せ」の巻　94
「そ」の巻　99
「た」の巻　104
「ち」の巻　108
「つ」の巻　111

「て」の巻 118
「と」の巻 123
「な」の巻 128
「に」の巻 132
「ぬ」の巻 136
「ね」の巻 141
「の」の巻 145
「は」の巻 150
「ひ」の巻 154
「ふ」の巻 157
「へ」の巻 162
「ほ」の巻 166
「ま」の巻 170
「み」の巻 176
「む」の巻 182
「め」の巻 187
「も」の巻 191
「や」の巻 198
「ゆ」の巻 204
「よ」の巻 209
「ら」の巻 218
「り」の巻 221
「る」の巻 225
「れ」の巻 228
「ろ」の巻 234
「わ」の巻 238
「ん」の巻 243

後巻目次

大日月地神示（おおひつくしんじ）

一　16
二　19
三　22
四　26
五　32
六　38
七　43
八　47
九　52
十　56
十一　61
十二　67
十三　71
十四　76
十五　84
十六　88
十七　91
十八　97
十九　104
二十　112
二十一　117
二十二　124
二十三　135
二十四　139
二十五　142
二十六　150
二十七　153
二十八　162
二十九　165
三十　170
三十一　174
三十二　176
三十三　181
三十四　186
三十五　189
三十六　193

三十七 198
三十八 201
三十九 206
四十 212
四十一 220
四十二 224
四十三 227
四十四 231
四十五 235
四十六 238
四十七 242
四十八 246
四十九 249
五十 255
五十一 259
五十二 262
五十三 268
五十四 271
五十五 275
五十六 279
五十七 282
五十八 288
五十九 291
六十 296
六十一 300
六十二 304
六十三 307
六十四 310
六十五 313
六十六 316
六十七 319
六十八 324
六十九 327
七十 331
七十一 335
七十二 338
あとがき 344

ブックデザイン――堀渕伸治◎tee graphics

大日月地神示

【前巻】

はじめに

この度《たび》は、御神示《ごしんじ》を通じて皆様《みなさま》とお引き合わせ頂《いただ》きましたこと、心より感謝《かんしゃ》申し上げます。これまで長きに渡《わた》り、人々にお伝えするということがどれほど難《むずか》しいことか、様々な機会を頂く中で学ばせて頂きました。

やはり世の中には色々な方々がおられますので、置かれてある立場や環境《かんきょう》、受け止め方も、皆それぞれ多種多様であると重々承知《しょうち》いたしております。そのような状況下《じょうきょうか》で、この度このような神示なるものを世間に出版《しゅっぱん》させて頂くということに対する葛藤《かっとう》と、己《おのれ》は今生《こんじょう》いったい何をしなければならないのか？　という自問自答を繰《く》り返しながら、一つ一つ真摯《しんし》に向き合い、気持ちを整理《せいり》整頓《せいとん》いたし、ようやく現在に至《いた》っております。

振《ふ》り返りますと、神示が降《お》ろされ始めました当初は、正直申しまして、どこか他人事のようであり、ふと我《われ》に返ると己の言動と行動に対して不安と疑念《ぎねん》が阻《はば》み、己自身を良く理解《りかい》出来ておりませんでした。その後も日夜、異次元《いじげん》世界と現次元《げんじげん》世界との狭間《はざま》で、数え切れぬほどの不可思議《ふかしぎ》な靈験《れいけん》を通じ、色々な学びをさせて頂きながら、守護靈《しゅごれい》様・指導靈《しどうれい》様方のお導《みちび》きによって、私は大きく考え方や生き方が変わっても参りました。現在では、出来るだけ多くの方々に神示をお読み頂きたいという思いと共に、ご縁《えん》ある方々に対して、己を通じ伝えられてくる靈存在《れいそんざい》からの言葉を、誠心誠意《せいしんせいい》お伝えいたして参りたいという決意と使命感を強く握《にぎ》り締《し》めております。

世間では、シャーマン（靈媒師《れいばいし》）とはなかなか受け入れがたき存在でございましょうが、数ある職業《しょくぎょう》の中の一つであり、職人の一つであるとご理解頂けましたら幸いに存じます。

さて、私が靈団靈人《れいだんれいじん》らの媒体《ばいたい》となり、神示を降ろし、『大日月地神示《おおひつくしんじ》』を出版するに至りました経緯《けいい》を、簡単《かんたん》ではございますがご説明させて頂きたいと思います。

私は、十代後半の頃より、人は何のために生まれ、何のために生きてゆくのか？　そして、人は死んだらどうなるのか？　世の中はなぜこのような仕組みになっているのか？　……など、強い疑問《ぎもん》を抱《いだ》き、時折心の中の神様に対して「どうか真実を教えて下さい」と祈《いの》り続けておりました。そのような心境《しんきょう》のまま、一九九二年を迎《むか》えた東京にて、ある日、勝手に身体《からだ》が動くようになり、ふと気づけば街を彷徨《さまよ》い歩きながら某《ぼう》書店へと吸《す》い込《こ》まれてゆき、足が止まった先は、あらゆる宗教書《しゅうきょうしょ》が立ち並《なら》ぶ一角でした。

なぜ己《おのれ》がこのような所に来ているのか？　己はいったいどうなってしまったのか？　何者かに取り憑《つ》かれてしまったのか？　と疑念渦巻《うずま》く中、首は左右に動き目もひとりでに何かを探《さが》し始めました。

そして、なぜかとても興味《きょうみ》を抱《いだ》かされるような心情《しんじょう》になりながら手にいたした書籍《しょせき》がございました。それが『ひふみ神示』岡本天明《てんめい》・筆《ふで》でした。宗教書を読むのは、それが生まれて初めてであったということもあるのでしょうが、訳《わけ》が分からぬまま書を開きページをめくるごとに、なぜか嬉《うれ》しくなったことを今でも記憶《きおく》いたしております。それから毎日のように神示を読まされるようにして、拝読《はいどく》の習慣《しゅうかん》がついて参りました。そして長年に渡って何者かに導かれるかのように、全国各地の神社をただただ漠然《ばくぜん》と世界平和を祈願《きがん》し、参拝《さんぱい》いたしながら巡《めぐ》るようになってゆきました。

振り返りますれば、すべては守護霊・指導霊様方のお計《はか》らいであったということが、現在では理解が出来ております。

そして一九九八年、和歌山にご縁を頂き移住《いじゅう》いたしたある日、姿《すがた》の無い何者か分からないはっきりとした声だけが聞こえ始め、何も分からぬままに恐《おそ》る恐る対話が始まってゆきました。暫《しばら》くすると音声《おんせい》だけではなく映像《えいぞう》まで浮《う》かんで見えるようになり、まるで頭の中に3D《スリーディ》テレビが内蔵《ないぞう》されたかのような状態《じょうたい》となり、現次元世界と重なって別の視覚聴覚《しかくちょうかく》が同居《どうきょ》するようになってゆきました。私は、心身の異常《いじょう》による幻聴幻覚《げんちょうげんかく》であろうという恐怖《きょうふ》と不安、己に対する疑念だけが日々《ひび》続く中、言い尽《つ》くせないほどのあらゆる不可思議な霊験を日夜させて頂きながら月日は流れてゆきました。

己を罵倒《ばとう》するような邪《じゃ》なる者も現《あらわ》れれば、涙《なみだ》が出るほどありがたくなるような者も現れ、たくさんの存在と関わって参りましたが、後《のち》にそれらの現象《げんしょう》が心身の病《やまい》による幻聴幻覚ではなく、異次元存在や他星《たせい》の存在との交流がなされ始めたのであることを、守護霊・指導霊様方の教えを通じて理解出来るようになると共に、異次元存在たちとの信頼《しんらい》関係も築《きず》かれて参りました。

そして、靈意識《れいいしき》の覚醒《かくせい》と共に靈媒体質《れいばいたいしつ》というものを受け入れて生きてゆくという強い覚悟《かくご》の上で、方向性や指針《ししん》となるものを考え始めた時、指導靈にお教え頂いたキーワードが、「ボランティア」「菜食」「祈り」という言葉でありました。また後《のち》に「伝える」というキーワードも頂き、自分の生き方をさらに模索《もさく》してゆきました。そして次々と導かれながら、現次元と異次元の双方《そうほう》より必要な出会いを頂くと共に、指導靈より与《あた》えられたキーワードがまるで小説の伏線《ふくせん》であったかのように不思議と繋《つな》がり始め、己《おのれ》の価値観《かちかん》・人生観が一変《いっぺん》いたしてゆきました。

私が靈媒《れいばい》として覚醒いたし、シャーマンとして生きるようになるまで、またはなってからの経緯詳細《けいいしょうさい》に関しまして、ここでは話しきれませんので、また別の著書《ちょしょ》にてお伝えさせて頂きたいと存じます。ご興味《きょうみ》あります方はお読み頂けましたら幸いです。

さてそれから時は流れて、二〇〇六年六月六日（みろく）、パソコンを始めて間もない頃、ブログを書こうとPCを立ち上げた時、いつもとは違《ちが》って研《と》ぎ澄《す》まされた強い氣《き》に突《つ》き動かされるかのように、非常《ひじょう》に早い流れで言語や数字、あらゆる記号・図形が脳裏《のうり》に浮かび上がり、自分では脈絡《みゃくらく》の分からない言葉が連なり始め、両手はひとりでに動きながら、次々とキーボードを弾《はじ》いてゆきました。

最初に書かれた、「あ」の巻《まき》の締《し》め括《くく》りに、天《あめ》の日月《ひつき》の神《かみ》と記《しる》された時、私は非常に困惑《こんわく》したことを思い出します。果たして、このままブログにて公開して良いものなのかどうか？　何度も信頼できる守護靈・指導靈様方に伺《うかが》い、間《ま》違《ちが》いないと穏《おだ》やかに諭《さと》され、その言葉を信用いたし、その後もブログにて公開してゆくこととなりました。神示を継続《けいぞく》する動機の一つには、それまで一度も感じたことのない爽快感《そうかいかん》と宇宙《うちゅう》を漂《ただよ》うような浮遊感《ふゆうかん》にも似《に》た、表現しがたい快《かい》楽《らく》の中でなされる自動書記への不思議な魅力《みりょく》もまたありました。

しかしながら、こうして自分を通じて降ろされるには、いったいどのような意味が在《あ》るのか？　本物なのか？　偽物《にせもの》なのか？　なぜ自分に降ろされているのか？　毎回、自動書記が終わる度、そういった不安と疑念にも苛《さいな》まれ、改めて人に伝えるということに対する勇気が問われ続けました。ですから、疑念と恐怖から何度か自動書記を拒絶《きょぜつ》したこともありました。

そして激《はげ》しく拒絶した際《さい》に、指導靈たちやかつて『ひふみ神示』を降ろされた岡本天明氏の御魂《みたま》が現れ、「これからの世の中に必要な教えとなる書を降ろして貰《もら》っているから理解してほしい」とお願いされたのでした。それまでは、何者か分からない存在の言葉を伝えることに対する不安が、自動書記に対して抵抗《ていこう》する一番の理由でしたので、説明を受け納得《なっとく》したことで私は安心し、神示を降ろすという役目を最後まで果たす約束を靈団と交《か》わしたのでした。

それから、かつて私が指導靈より伏線《ふくせん》として頂いていた「伝える」という言葉を改めて思い出した時、深く感銘《かんめい》いたしました。非現実的な日常の中で幾度《いくど》となく葛藤《かっとう》を繰《く》り返しながらも自動書記を続けて来ましたのは、おそらく靈団靈人らとのたくさんの交流の中で信頼関係が育《はぐく》まれていったことにより、あらゆる不安と恐れが払拭《ふっしょく》され、与えられた役目に対する使命感と指導靈たちとの一体感が、確かな喜びとして感じられるようになっていったからでありましょう。

『大日月地神示《おおひつくしんじ》』は、指導靈団の教えによりますと、かつて岡本天明氏が自動書記にて降ろされた文章を、矢野シン女史が解読《かいどく》なさり世に伝えられた『日月《ひつく》神示《しんじ》（別名・ひふみ神示）』の続きであり、間違って伝えられていたことや伝えきれなかったことに対して補足《ほそく》する内容も含まれているようで、現代版の神示とのことです。

二〇〇六年六月六日、「あ」の巻から始まった神示は、インターネット上のブログでは「天《あめ》の日月《ひつき》の神《かみ》」というタイトルで出させて頂いておりました。その後、二〇〇七年六月十四日、「よ」の巻まで出され、「書といたすように」という神示の一節に従《したが》い、戸惑《とまど》いもございましたが、ブログをご覧《らん》頂いておりました方々より制作資金援助《せいさくしきんえんじょ》をして頂きながら、二〇〇七年七月七日付けで「日《ひ》月地神示《つきちしんじ》」として、自主制作にて出版させて頂きました。この時の「日月地神《ひつきちしん》示《じ》」というタイトル名での出版に関しましては、当初意味が良く分かりませんでしたが、「ひとまずは、この名で良い」と指導靈に言われたことを覚えております。

その後《ご》、「ら」「り」「る」「れ」「ろ」「わ」の巻と神示が降ろされまして、二〇一二年再版《さいはん》の際にお伺《うかが》いを立て、初版《しょはん》の内容に付け加えさせて頂いた次第《しだい》でございます。

それ以降《いこう》の神示に関しましては、いつ降ろされるものなのか分からない状況でありましたが、数年が過ぎ忘れかけた頃、二〇一四年十月二十二日より再び不定期ながら神示は降ろされ続け、二〇一六年八月二十五日に出た段階で、また指導靈に書として公《おおやけ》にするようにと言われ、今度は「大日月地神示《おおひつくしんじ》」というタイトルにするようにとお教え頂き、二〇一六年十月、野草社から出版させて頂きました。

その後も神示は降ろされ続けまして、二〇一七年十二月二十七日、「この神示、世界中の民《たみ》に読ませて下され。すべての者救う書となりますぞ。神、お頼《たの》みいたしますぞ。大日月地大神御靈《おおひつくおおかみおんたま》」と神示は締《し》め括《くく》られました。大日月地《おおひつく》神示《しんじ》」は、どうやらこれで終了とのことです。これ以降も降りることはないということでした。そして、インターネットのSNSを通して公開してきました内容のものと未公開の内容のものとを併《あわ》せて、『大日月地神示《おおひつくしんじ》』前巻《ぜんかん》、後巻《こうかん》として、二冊に分けて書といたすようにとのご指導を頂きました。

また、二〇一六年の神示編集《へんしゅう》にあたりましては、改めて指導靈団《しどうれいだん》にお伺《うかが》いいたしながら、すべての神示内容に対する編集作業を共にいたして頂き、誤字《ごじ》や漢字や句読点《くとうてん》、改行箇所等《かしょなど》の変更《へんこう》、またはより相応《ふさわ》しい言葉・表現等も一つ一つ伺い確認いたしながら修正《しゅうせい》させて頂きましたが、第二刷発行の際も今回も、いくつかの疑問点を改めて指導靈団にお伺いいたし、確認のうえ修正させて頂きました。お蔭《かげ》様で、だいぶ読みやすくなっているかと思います。

この神示は、読まれてゆく中で、色々な矛盾《むじゅん》を感じられる箇所《かしょ》もあるかと思いますが、神示は人それぞれ八通《やとお》り（人それぞれ四方八方）に読める書であり、必ず何らかの意図する教えや仕組み・目的が隠《かく》されてもおります。また、読まれる時期によって受け取り方が一変するといった、不思議な書でもございます。

まずは、順に最初から最後まで読んで頂き、次に読みたい所だけ読む、または後巻《こうかん》を先に読み前巻《ぜんかん》を後で読む、または無作為《むさくい》に開いた所を読むといった読まれ方もなさって頂ければ幸いです。おそらくその都度《つど》ご自身に必要な内容が書かれてある箇所《かしょ》を読まされることと察《さっ》します。

なお神示には、靈人様方にもお聞き頂けるよう声を出して読みなさいという教えがございます。言靈《ことたま》・音靈《おとたま》に変えて何度でも読まれてみて下さい。何度も何度も同じ内容、同じ言葉が顕《あらわ》れても来ますが、知らず知らずのうちに社会より植え付けられてきたマインドコントロールや洗脳《せんのう》を解《と》く目的も隠《かく》されております。

また、神示の至る所に、靈団と繋がるための祝詞《のりと》同様の浄靈浄化《じょうれいじょうか》・導靈《どうれい》・除靈《じょれい》・病治《やまいなお》し効果を持っている文面が散りばめられてもおり、読まれる人ばかりではなく、聞く側にも、己《おのれ》の周りに関わっておられます靈存在にとりましても必要な教えとなったり、神氣《しんき》が与えられどんどん変化いたしても参ります。おそらく素直《すなお》に読まれた方だけが体験するであろう不思議な靈験もあるかと思われます。

自動書記による神示というものは、世間の皆様に取りましてはやはり疑念の対象であったり、受け入れがたい驚《おどろ》くべき内容であったり、また滑稽《こっけい》に感じたり、良く意味が分からなかったり、当然、人それぞれでございましょう。

しかし、神とは？　靈とは？　人とは？　生とは？　死とは？　己は何者であり何のために在《あ》るのか？　という、生きる上でとても大切なことを理解している人は、世間では非常に少ないのが現状《げんじょう》であるかと思います。それは私たちが大切なことを教育されずに生きてきたからです。「あなたはなぜ存在しているのか？」その必要な教えが、「大日月地神示《おおひつくしんじ》」の随所《ずいしょ》に散りばめられております。ぜひこの神示を熟読《じゅくどく》され、多くのことを悟《さと》って頂けましたら幸いに存じます。

神人《かみひと》は果たして本物なのか？　偽物《にせもの》なのか？　大日月地神示《おおひつくしんじ》はフィクションなのか？　ノンフィクションなのか？　本来どのような目的を持つ書であるのか？　すべてはお読み頂きました皆々様方お一人お一人の、良識《りょうしき》あるご判断《はんだん》に委《ゆだ》ねたいと思います。
但《ただ》し、一つだけ心の片隅《かたすみ》に置いて頂きたいことがございます。
この神示は、鏡《かがみ》の如《ごと》く御魂相応《みたまそうおう》に心をすべて映《うつ》し表《おもて》に顕《あらわ》れ始めて参ります。
神示を通じご縁を頂きました皆々様方のご多幸を心よりお祈《いの》り申し上げます。

神人《かみひと》　拝《はい》

日月地神示

（ひつきちしんじ）

自二〇〇六年六月六日

至二〇一六年一月十二日

「あ」の巻

日々《ひび》の弥栄《いやさか》に感謝《かんしゃ》申し上げます。
うれしうれしうれしうれしうれし
うれしうれしうれしうれしうれし……。
愛する愛する愛する愛する愛する
愛する愛する愛する愛する愛する……。
ありがとうございます。ありがとうございます。
ありがとうございます。ありがとうございます。
ありがとうございます。ありがとうございます。

ありがとうございます。ありがとうございます。
ありがとうございます。ありがとうございます。
ありがとうございます。ありがとうございます……。
出会いに感謝。出会いに感謝。出会いに感謝。
出会いに感謝。出会いに感謝。出会いに感謝。
出会いに感謝。出会いに感謝。出会いに感謝。
出会いに感謝。出会いに感謝。出会いに感謝……。
変わる変わる変わる変わる変わる変わる
変わる変わる変わる変わる変わる変わる……。
ひふみ　よいむなや　こともちろらね
しきる　ゆゐつわぬ　そをたはくめか
うおえ　にさりへて　のますあせゑほれけ
言靈《ことたま》栄える、むーるーうーるーうー。

一つの仕組みで変えますぞ。

人民えみためえみため。もの申す時、訪《おとず》れたり。

この神、ひふみと申す。ちと、分かりやすく申さすぞ。

ここまで事分けて申すも、みな人民可愛《かわい》さゆえにいたすのじゃ。

世始まってない立て直しであるがゆえに、それぞれの御魂相応《みたまそうおう》の仕事さすから、よく守護靈《しゅごれい》様通じ聞きなされ。

みな一つの王の喜びに包まれる時、いよいよ来るのじゃ。

これを、「あ」の巻《まき》といたす。

二〇〇六年六月六日　天《あめ》の日月《ひつき》の神

「い」の巻

この御魂《みたま》、そのかしこに在《あ》られます伊佐那岐《いざなぎ》の大神、伊佐那美《いざなみ》の大神、百々《もも》の神々様の大前《おおまえ》に、今一つの役割《やくわり》をいたしここに在《あ》られます。そがためいかようにでもお使い下さいませと誓《ちか》うことの由《よし》をお聞き入れ下さいますよう、かしこみかしこみ申《もまを》す。唄《うた》う役、もの申《もう》す役、これからのゝ⃝《もと》となる御魂《みたま》でありますぞ。お聞き入れ下さり、誠《まこと》ありがたき思い奉《たてまつ》ります。そのこと皆《みな》の者に伝え下さいますよう、かしこみかしこみ申《もまを》す。

ウシトラの金神《こんじん》様、いよいよ人民界にお降《お》りなされましてのご活動ぞ。いよいよすべてが明らかとなる時節《とき》となりましたぞ。この御魂《みたま》に多くの神々様お移《うつ》りなされてのご活動、それぞれに分かるようにいたしておるから、その覚悟《かくご》良いか。皆々《みなみな》改心結構《けっこう》結構。改心せずとも良いと申す御魂《みたま》、一つも無いぞ。

この御魂《みたま》でさえ、日々《ひび》改心いたしてのお役目であるがゆえ、上下《うえした》ひっくり返ることとなりますぞ。これまで隠《かく》れ御魂《みたま》といたしておいたこの御靈《みたま》、多くの者には分からぬようにいたしていたゆえ、分からぬのも無理ないなれど、世に遣《つか》える御魂《みたま》あまりに少ないぞ。

食べ物気つけと申して、お聞き下さった人民あまりに少ないぞ。すべてはそがためにあったもの、今からでは大したお役も出来ぬとはいえ、みな可愛《かわ》い可愛《かわ》い人民ゆえに改心結構ぞ。改心出来た者より、神の容《い》れ物とさして、天晴《あっぱ》れお役目果たさせ、末《まっ》代《だい》名の残る仕事さすぞ。

天明《てんめい》の生まれ変わりであるこの御魂《みたま》、分かる者一人もおらぬゆえに、申しておいた神一厘《かみいちりん》の仕組みとなりますぞ。これより、⦿《ス》の神様のご指示《しじ》により生まれる神々様の神子《みこ》らが、この世の立て直した後《あと》の世を生んでゆきますゆえに、そのつもりでおりて下されよ。何もかも一つということ、⦿《ス》の神様のご指示通りに現《あらわ》れなさるぞ。
スサナルの尊《みこと》、みな思うておる神様とはちと違《ちが》うぞ。この神様、地《ち》の大神様であり、世の元《もと》からの生《い》き神《がみ》様であるぞ。そのこと取り違えいたしておりては、人民靈人《れいじん》みな大神様に申し訳《わけ》ないぞ。早《はよ》うそのこと分かって下されよ。これまで世に出ました神の話は、ほとんどが悪神《あくがみ》様らのお仕組みであったのぞ。しかし、これからは改心いたし、まことの世の礎《いしずえ》と成りなされたのであるがゆえに、靈人殿《れいじんどの》、人民殿、早《はよ》う改心結構であるぞ。

一人でのお役大変であるゆえに、ここに縁《えん》ある者みな仕組みてあったことであるがゆえ、それぞれ改心いたし神の容《い》れ物と成りなされて下されよ。世に出ておりますお偉《えら》いさん殿、いつまでも嘘《うそ》は通らんぞ。一日も早《はよ》う改心結構。金《かね》の世は済《す》みておるのじゃぞ。金でこの世潰《つぶ》す計画立てておった神々様も改心いたしたぞ。ゆえにその仕組みいつまでも信じておる靈人殿、人民殿、早《はよ》う目醒《さ》まして下されよ。みな大切なお役目にいたすゆえに、事分けて聞かすのじゃから、何事も心配するでないぞ。これが、神一厘《かみいちりん》の仕組みてあることの始まりじゃ。

二〇〇六年六月七日　天《あめ》の日月《ひつき》の神　記《しる》す。

「う」の巻

うーー、うーー、うーー、うーー、うーー……。

二〇〇六年六月七日　天《あめ》の日月《ひつき》の神　唄《うた》う。

「え」の巻

ここに在《あ》られます八百万《やおよろず》の神たち共に、お聞き頂《いただ》けますよう申し上げますぞ。元《もと》の元の元から仕組みてある真《まこと》の世の一厘《いちりん》の仕組み、皆《みな》この方《ほう》の思い通りであるなれど、皆それぞれに改心いたされ、真《まこと》の仕事に目覚《めざ》めて下されよ。どこへ逃《に》げても逃げられんぞ。出来る者やりてみよれ。あちらへこつん、こちらへこつん、うろうろじゃ。悪《あく》の神々様、改心お見事であったぞ。善《ぜん》の神々様、改心なかなかでありたが、それはすべてこの方《ほう》の仕組みておったこと。人民のお力だけで何が出来ると申すか。皆この方《ほう》がさせているのじゃぞ。

まだ分からぬか。何一つ人民の物というもの、この世には無いのであるぞ。皆々《みなみな》借り物であること、よく考えてみなされよ。まだ自分の物と言って手放《てばな》せん人民、お偉《えら》いさん多いのう。何もかもこの神が作りたものであるなれど、そのこと分かる人民少ないから、そのままでは気の毒出来るから、くどう申しておるのぞ。救ってやりたいなれど、それでは人民のためにならんし、神も苦しいぞ。神喜ばすのが人民の仕事であるなれど、今の人民、神を無きものにしておりてあんまりであるぞ。人民の喜びが神の喜びであるなれど、神は人民の申すこと聞いてくれぬからと申して、神を無きものといたしたなれど、神は持ち切れんほどの食べ物も着る物もみな与《あた》えてあるのぞ。何ゆえに皆で分けんのじゃ。我《われ》さえ良けりゃ良いという魔物《まもの》たちに遣《つか》われておるから、世はこのようになっておるのぞ。まだ分からぬか。皆々神に捧《ささ》げてから頂けよ。次々と要《い》るだけ流れ来るぞ。何もかも、喜びは高きから低きへと流れるのであるぞ。頭低くしておりて下されよ。

人民、みな自分でしたように思うておるが、人民の知恵《ちえ》、皆この方《ほう》の理《ことわり》、恵《めぐ》みであるのじゃぞ。皆々この方《ほう》から流れて行ったものばかりであるぞ。心静かにしてよく聞いて下されよ。聞こえるようにいたしてやるから、そのつもりで我早《がはよ》う捨《す》てて下されよ。魔物たちの声ばかり良きものに聞く人民多いゆえに、真《まこと》分からんようになっておるがゆえに、今の世、どこまでも分からんようになってしまっておるのじゃ。魔物と申せみな可愛《かわい》い御靈《みたま》であるがゆえ、早《はよ》うこの方《ほう》の元へ、足元まで来て下されよ。寄《よ》って来る者みな救ってやるぞ。悪《あく》の世はもう済《す》みたのであるから、このままでは気の毒出来るぞ。この世始まってないことといたすのじゃから、この神の申すことお聞き下されよ。

この方《ほう》分かる人民、守護靈殿《しゅごれいどの》、少ないなれど、縁《えん》ある者たち引き寄せて、この御魂《みたま》遣《つこ》うて、天晴《あっぱ》れうれしうれしの世といたすから、心配せず見ていておざされ。海の神様、風の神様、地震《じしん》の神様、荒《あれ》の神様、雨の神様、巌《いわ》の神様、世の元からの生《い》き神《がみ》様、いよいよご活動ぞ。大き目で見んと分からんぞ。地《ち》の神様いよいよ生まれ変わるのであるから、目開《あ》けて見ておざされ。めでたやめでたみなうれしうれしの歌、唄《うた》う時来るぞ。真《まこと》の愛の力、見せますぞ。皆この方《ほう》がさしておる事、何事も心配するでないぞ。うれしうれしで世明けるぞ。

これ、「え」の巻《まき》。神人健仁《かみひとたけひと》、ご苦労でありたぞ。この役、御魂《みたま》の仕組みてあることゆえに、何も恐《おそ》れるでないぞ。

二〇〇六年六月八日　天《あめ》の日月《ひつき》の神

「お」の巻

これから申すこと、ウシトラの金神殿《こんじんどの》のお働きなるスサナルの大神様、共におでましになるぞ。良いか。目にもの見せるとは、そなた達の姿《すがた》、生き写しといたして世に現《あらわ》すぞということであるから、そのつもりでおりて下されよ。皆々《みなみな》改心結構《けっこう》結構でござるぞ。

艮金神殿《うしとらのこんじんどの》お喜びぞ。皆《みな》の改心楽しみにしておった貴《とうと》い御《おん》神様でござるから、良く祀《まつ》りて下されよ。魔物《まもの》とて皆、どれも磨《みが》けば光る大事な御魂《みたま》じゃから、ちと遅《おそ》し早しはあるなれど、それも彼《かれ》も皆この方《ほう》の仕組みてありたことであるゆえに、みな可愛《かわ》い可愛《かわ》いの子であるから、仲良う手引きあってやって下されよ。

人民みなこのままでは分からん者多いし、かといって言わねばならんような人民ではお役にならんし、救ってやりたいなれど神無きものにいたしておるゆえ憑《かか》ることも出来ぬし、憑《かか》れる人民少ないから神もご苦労であるぞ。これほど言っても分からんと申すなれど、実地《じっち》にいたしたら生きられる人民ほとんどおらぬし、早《はよ》う親の心察《さっ》する子となりて下されよ。神、急《せ》けるぞ。世の元《もと》から隠《かく》しておいた御魂遣《みたまつこ》うてこの仕組みいたさすなれど、分かる人民少ないから、この御魂《みたま》ご苦労であるぞ。

皆々縁《えん》ある者ここに引き寄《よ》せるから、そのつもりでおりて下されよ。円居《まどい》は作らねばならんが、惑《まど》い違《ちが》いであるぞ。金《かね》とって信者増《ふ》やすような宗教《しゅうきょう》や教会ではもう立たれんぞ。宗教無くいたすのであるから、一つの王でこの世治《おさ》めるのであるから、蔭《かげ》の世は終わったのであるぞ。人民は近欲《ちかよく》ざから見えんなれど、大き目で見ればよく分かるのざぞ。これからここに縁ある者集めて、隠《かく》れ御魂《みたま》引き寄せて、よく分かるようしてやるなれど、この御魂《みたま》たいそう大変ざから、早《はよ》う助けてやりて下されよ。

悪《あく》の作りた仕組みで悪改心さすとはこのことぞ。あらたのし天晴《あっぱ》れ富士《ふじ》に花咲《さ》くぞ。この世変えさす仕組みとは、悪に隠《かく》してあるとはこのことじゃ。車も乗れよ、飛行機も乗れよ、機械使えよ、使えば使うだけ分かるのじゃ。そなた達が求めた悪神《あくがみ》の仕組み、後《あと》になればなるほど苦しくなるとはこのことぞ。悪の神々様に礼申せよ。人民、そなた達が求めた神は、悪神《あくがみ》ばかりであったのぞ。苦しいこと好かんから、楽な近欲《ちかよく》ばかりじゃから、この世潰《つぶ》れる所までゆくのじゃぞ。この御魂《みたま》も、寝《ね》ずにこの方《ほう》に遣《つか》われておるから可哀想《かわいそう》なれど、後で天晴《あっぱ》れ末代《まつだい》名残る仕事さすから、健仁《たけひと》、辛抱《しんぼう》して下されよ。この方《ほう》、頼《たの》むぞ。この方《ほう》にまつろう臣民《しんみん》人民、みな良き方《ほう》に回してやるから、そのつもりで参りて下されよ。この方《ほう》、身魂《みたま》共々健仁《たけひと》に入っておるぞ。新しき世の半靈半物質《はんれいはんぶっしつ》とは、神と靈《れい》と人とが溶《と》け合った姿《すがた》であるぞ。神と靈《れい》人と地上人《ひと》とが、共に話が出来る怖《こわ》くて嬉《うれ》しい形であるぞ。

皆々《みなみな》、身体《からだ》の洗濯《せんたく》心の洗濯出来た者から尋《たず》ねておざれ。その日その日から、喜悦《うれ》し喜悦《うれ》しとなるのじゃぞ。分かりたか。大神様とは、すべての御魂《みたま》の喜びの映《うつ》し鏡《かがみ》でもあるのじゃ。皆の喜びがそのまま映るのであるから、一人も要《い》らぬという者おらんのじゃぞ。草木、虫けら、四足《よつあし》も皆々大切じゃから、人民大事大事にして下されよ。神、頼むぞ。

草木は食べられるのが嬉《うれ》しいのじゃぞ。出世するから嬉しいのじゃぞ。一二三《ひふみ》の食べ方して、感謝《かんしゃ》して下されよ。何もかも病《やまい》なくなるぞ。食べ過《す》ぎるから不運となるのじゃ。皆それぞれに分けて下されよ。四足《よつあし》食べるでないぞと申しても、食べる物無いと申す人民おるが、何もかも食べ物溢《あふ》れんほど与《あた》えてあるでないか。自分の物というもの、何一つ無いのじゃぞ。みな神が与えておるのじゃから、皆で仲良う分けて下されよ。人民の食べ物、決められておるのじゃぞ。理屈《りくつ》、悪《あく》じゃと申すのじゃ。人民、この世任《まか》せられる神となりて下されよ。皆がうれしうれしと喜ぶ日月《ひつき》の民《たみ》となりて下されよ。神、頼むぞ。この方《ほう》、この世創《つく》りた元の元の元の神であるなれど、分御靈《わけみたま》としてこの身体《からだ》遣《つこ》うておるのじゃから、分かる人民良きにしてやりて下されよ。うれしうれしで峠越《とうげこ》す仕組みじゃ。臣民殿、早《はよ》う祀《まつ》りくれよ。

神の国は神のやり方でなければ治まらんのじゃぞ。神祀《まつ》って下されば、良きように教えてやるから、この方《ほう》分かる御魂《みたま》少ないなれど、分かるようにしてやるから、何もかも皆ただで分けてやりて下されよ。金《かね》は要《い》らぬのじゃぞ。金要《い》る人民、みな良き世の礎《いしずえ》分からんからそう申しておるなれど、金は何もかもみな苦しめるだけじゃから、何もかもみな好きなだけ、皆に取らせてやりて下されよ。後《あと》で仕事くれ仕事くれと、みな喜んで誠《まこと》の仕事それぞれ働くのじゃぞ。皆それぞれに貴《とうと》きお働き出来る御魂《みたま》ばかりじゃから、すべてが上手《うま》くゆくようになっておるのじゃ。この国、他《た》の国と同じやり方してはならぬから、神の誠《まこと》の政仕《まつりつか》えまつろえよ。

神の国とは、世界の雛型《ひながた》であるから、日本《ひのもと》良くなれば世界良くなるのじゃぞ。皆で食べ物作りて下されよ。食べ物大事ぞ。車や機械ばかり作りても飢《う》え死《じ》にぞ。分かりたか。どこもかしこも飢え死にぞ。保食《うけもち》の神様お怒《いか》りになられておるぞ。この神様お怒りになられたら、人民みな干上《ひあ》がるぞ。食う物無くなるから気つけおくぞ。縁《えん》ある人民みな、この方《ほう》助けて下されよ。手取りて、新しき世の国造《くにづく》り始めて下されよ。政《まつりごと》もみな変わるぞ。今のお偉《えら》いさんご苦労であったぞ。魔物に操《あやつ》られておる方、いつまでも魔物に政《まつりごと》は出来んぞ。神祀《まつ》らねば、どっちに行ってもアフンじゃのう。どこへ行っても何をやっても苦しくなるばかり。ご苦労じゃなあ。人民みな可哀想《かわいそう》だから申しておるのじゃぞ。この者遣《つこ》うて申しておるが、分かる者には分かるよう、御靈《みたま》神様付けてあるから、早《はよ》う御魂相応《みたまそうおう》に動き下されよ。

世界は大きく変わるから、みなビックリじゃぞ。海の神様、ご活動ぞ。雨の神様、風の神様、巌《いわ》の神様、地震《じしん》の神様、荒《あれ》の神様、世の元からの生《い》き神《がみ》様、みな総掛《そうがか》りであるぞ。悪《あく》の総大将殿《そうだいしょうどの》、お役ご苦労でありますぞ。あらたのしあらすがすがしあらたのしあらすがすがし。岩戸開《あ》けたり⦿《みたま》出《い》でにけり。そが御魂《みたま》、艮金神《うしとらのこんじん》と成りなりて、この世の扉《とびら》開《あ》けにけり。靈憑《れいがか》りうようよとなるぞ。悪の靈憑《れいがか》りいよいよ現《あらわ》れるぞ。身魂磨《みたまみが》けておらぬ者、みな悪の靈に遣《つか》われて自分で自分を苦しめるのぞ。自分が自分を苦しめるとは、このことであるぞ。よく分かりたか。皆そなた達の自由を形にいたしたものであるから、誰《だれ》が悪いわけでもないのであるぞ。早《はよ》う改心結構結構。

艮金神《うしとらのこんじん》様、弥栄《やさか》ましませ弥栄《いやさか》ましませ。怖《こわ》い嬉《うれ》しい世となるぞ。身魂《みたま》磨けてある者、うれしうれしの世となるぞ。

二〇〇六年六月十日　天《あめ》の日月《ひつき》の神　記《しる》す。

「か」の巻

この方《ほう》、祀《まつ》ろうて下されよ。お役いくらでもあるのぞ。靈人殿《れいじんどの》、世に落ちておられます人民殿、早《はよ》う改心結構《けっこう》ぞ。靈人《れい》と地上人《ひと》とは合わせ鏡《かがみ》のようなものであるから、そなた達の想《おも》いが、肉体人に顕《あらわ》れて来るのであるから、みな人民分からぬと申しておるなれど、そなた達のみな顕れであるのじゃから、自分を悪く申すのと同じことであるのじゃぞ。早《はよ》うそのこと分かりて下されよ。ご守護《しゅご》いたしておられます靈人殿、早《はよ》う改心結構であるぞ。改心出来た者より、うれしうれしとなる仕組みであるから、まったく心配せずに、この神にまつろうて下されよ。

艮金神殿《うしとらのこんじんどの》、ご活動にあられますぞ。この世靈憑《れいがか》りうようよであるがゆえ、この御《おん》神様、お働き下されねば、この靈の岩戸収《おさ》まりつかんのでありますぞ。たいそう貴《とうと》いお働きでございますぞ。皆《みな》この神様お祀《まつ》り下されよ。たいそうご苦労でありますぞ。弥栄《やさか》ましませ弥栄《いやさか》ましませと、人民、言高《ことたか》く祝《のり》て下されよ。この世始まってないと申すは、この世の一《はじめ》に仕組みてありたことみな知ることとなるから、このこと秘密《ひみつ》でありたなれど、事分けて申さすから、みな覚悟《かくご》して聞いて下されよ。

艮金神《うしとらのこんじん》様、この世の元《はじめ》お創《つく》りなされた貴《とうと》い御《おん》神様のお働きでありますぞ。この世創りた御《おん》神様、他《ほか》にもおられますのじゃぞ。みな御《おん》神々様は、元《もと》は一つであるから取り違《ちが》いせんようにいたし下されよ。世の初めとは、この地の一《はじめ》の事を申す。まず火の海でありた塵々《ちりぢり》をお集め下さったのは、この御《おん》神様であられますのじゃ。お分かり下されよ。水の神とお変わりになされて、固め直し固め直し繰《く》り返しなされたのでありますぞ。龍神《りゅうじん》とは、この御《おん》神様のことでもありますのじゃ。人民が申す龍ではないのじゃぞ。恐《おそ》ろしいお姿《すがた》とは違いますのじゃぞ。喜びの顕《あらわ》れ、氣《き》の流れ、水の流れのお姿でもあるのじゃ。海から空へ、空から地へ、地から海へと生命《いのち》を育《はぐく》んで下さるお姿のこと申すのじゃぞ。人民、魔物《まもの》に遣《つか》われて、恐ろしい姿拝《おが》んでおるが、取り違えいたしておりて申し訳《わけ》あるまいぞ。無きもの生み出して下さるなよ。このこと分かりておらんと、どこまでも無き魔《ま》生み出して、因縁《めぐり》生むこととなるのじゃから、臣民《しんみん》人民みな良きよう気つけ下されよ。

神は働きであるがゆえ、姿はないのであるが、人民の心のままにいかようにでも見えるから、取り違えなさらんよう気つけおくぞ。このこと大切ごとじゃ。皆このこと間違《まちが》いの元《はじめ》じゃからよく噛《か》んで身になされよ。

これより御《おん》神々様方のご活動激《はげ》しくなりますのじゃから、皆々《みなみな》うれしうれしで峠越《とうげこ》して下されよ。水の仕組み、世ひっくり返りて来ると申すこと近づいたぞ。世ひっくり返ると申すは、分かる者にだけ分かるのじゃぞ。このこと大切ごとであるから、神の秘密《ひみつ》であるから申されんなれど、人民の行い次第《しだい》でどうにでもなるのであるから、待てるだけ待ちておるのじゃぞ。これだけ申しても分かる人民少ないから、気の毒出来るから、分かる人民それぞれ手分けいたして祀《まつ》り結構結構。祀《まつ》るとは、まつろうことであるのじゃぞ。何もかも神に委《ゆだ》ねるのじゃぞ。委ねるにはそれ相応《そうおう》の御魂《みたま》必要であるのじゃ。掃除洗濯《そうじせんたく》出来た容《い》れ物でなければ、神憑《かか》れんことであるから、昔から申しておりたのじゃが、悪《あく》の仕組みにまんまと掛《か》かりて気づかぬ人民多いのう。それも皆この神の仕組みであるなれど、早《はよ》う目覚《めざ》めて下されよ。これまで積《つ》もりた借金、それぞれにみな返さねばならんのであるから、借金返し切らねば先には進めん仕組みであるから、神くどう申しておるのじゃぞ。堂々巡《めぐ》り多いのう。御魂《みたま》相応に申しておるのじゃぞ。この神、御魂《みたま》相応にとれるのじゃぞ。

水飲む時も感謝《かんしゃ》して飲みなされよ。一二三《ひふみ》の頂《いただ》き方して下されよ。何もかも病治《やまい》るのぞ、薬となるのぞ。頂けよ。頂くと薬となるのじゃ。この道理分かりたか。頂けば毒も薬となるのじゃぞ。例えであるぞ。よく噛《か》めよ。噛むと力湧《わ》いて来るぞ。今の臣民人民、そのことさえも忘《わす》れておられるぞ。この御魂遣《みたまつこ》うて、ここまで事分けて言い聞かしておるのに、分からん人民多いのう。あれは嘘《うそ》じゃ、これは嘘じゃと申すお偉《えら》いさん、どこへ行っても分からぬから、早《はよ》う真《まこと》に気づいて下されよ。縁《えん》ある人民引き寄《よ》せておるのじゃから、よく読んで下されよ。声出して読みて下されよ。

天明《てんめい》の御靈《みたま》遣《つか》わせておるのじゃ。鼻高《はなたか》さん、今にポキンと折れる時来るぞ。恥《はずか》し思いせならん時来るから、早《はよ》う分かりて改心結構であるぞ。靈団《かみ》、頼《たの》むぞ。皆々この方《ほう》、人民も可愛《かわい》いから申しておるのじゃ。学の世は、済《す》みておるのじゃ。人民に何が分かるか申してみよれ。この方《ほう》、この世創《つく》りた元《もと》の元の元の神であると申しておるなれど、聞く耳持てる人民少ないのう。分からんと申すのも無理ないなれど、この御魂《みたま》遣《つこ》うて嘘申して何になるか考えてみよれ。分からんと申すもあんまりぞ。この御魂《みたま》ご苦労なれど、後《あと》にゆくほどうれしうれしとなるから、日々《ひび》こうして神に遣《つか》われ皆に知らしておるのじゃ。早《はよ》う親の心分かる子となりて下されよ。人民分からぬこと、神には分かるのじゃぞ。神には分からんこと無いのじゃぞ。学分からん者分かること多いぞ。学捨《す》てると真《まこと》の神の学、流れて来るのじゃ。頭低くすればするほど神の学は流れっ放しじゃ。じゃと申して、今までのような悪《あく》の学ではないのぞ。喜びぞ。和ぞ。うれしうれしざぞ。ひもろぎぞ。水は高きから低きへ流れる仕組み。分かりたか。

日月地神示

人民の申すこと取り違え多いのう。世は何度も立て替《か》えいたしておるのじゃ。人民も生まれ変わりこの世に生きておるのじゃぞ。皆々それぞれ神の御霊《みたま》意となるため、生まれ変わり学ぶのじゃぞ。皆そうして弥栄《さか》えておるのじゃぞ。これまで、何度も立て替えいたして人民無きようにしたこともあったなれど、必要であったがゆえそういたしてきたのじゃ。取り違えせぬよういたして下されよ。生まれ変わり繰り返し学ばせておるのじゃ。死んで終わりではないのぞ。始めぞ。霊人は死ぬのが地上人《ひと》としての始まりであるから、あべこべ分からんなれど、それですべて善《よ》きようになっておるのざぞ。霊人殿《れいじんどの》にもこのこと分からぬ方多いぞ。騙《だま》した人民、騙したカミサマおでましぞ。みな人民自分でそうしておるのぞ。騙し騙し、我《が》の強い臣民人民多いのう。⦿《まこと》の神摑《つか》めよ。摑むには摑むだけの身魂《みたま》の掃除洗濯《そうじせんたく》必要であるぞ。神は⦿《ひとつ》であるぞ。一つでないぞ。分かりたか。それぞれ皆、◎《かみ》であるぞ。顕《あらわ》れであるぞ。霊人は霊人じゃ。霊人にも色々あるのじゃぞ。歓喜《かみ》に近い霊人殿もおられるのじゃが、魔物に近い霊人もおられるのじゃ。人民みなそれぞれの御魂《みたま》に応《おう》じてご守護《しゅご》下さる霊人殿付けてあるぞ。身魂磨《みたまみが》けた分だけ靈人殿次々と変わるのであるのぞ。靈、人、共に歩めよ。弥栄《やさか》えよ。神いくらでも力授《さず》けるから、安心してこの道歩まれよ。この神、世の元からの生き通しの◉《かみ》であるぞ。何もかもみなお見透《みとお》しであるのぞ。

二〇〇六年六月十一日　天《あめ》の日月《ひつき》の神

「き」の巻

天晴《あっぱ》れ艮金神殿《うしとらのこんじんどの》、お見事でありましたぞ。世の立て替《か》えほぼ出来上がり、人民の世にも顕《あらわ》れ来《きた》る時、みな楽しみいたし下されよ。これで、三千世界《さんぜんせかい》の国々、一《はじめ》となり、皆《みな》うれしうれしじゃぞ。神、靈《れい》、人、みな共にある、世の礎《いしずえ》となる元《もと》出来ましたのじゃぞ。天晴《あっぱ》れ天晴れうれしうれしとなりましたぞ。富士《ふじ》晴れたり、、日本《ひのもと》の国、、元《はじめ》から、、晴《は》れ晴《ば》れぞ。

この御《おん》神様、もの申す時来ましたぞ。巌《いわ》の御《おん》神様、いよいよお出ましぞ。皆々腰抜《みなみなこしぬ》かすぞ。艮金神殿《うしとらのこんじんどの》、天晴《あっぱ》れ天晴れ弥栄弥栄《やさかいやさか》、大弥栄大弥栄《おおやさかおおいやさか》でありますぞ。これで、皆々東北《うしとら》の方角に向くようになりますぞ。皆々拝《おが》まねばならんようになりますぞ。うれしうれしのことでありますぞ。このこと分かる人民一人しかおらんなれど、何としたことかと分かる時今に来るから、後々《あとあと》楽しみいたし下されよ。これが、秘密《ひみつ》にしてありたことの一つじゃぞ。

まだまだございますぞ。手伝いいたす人民、この方《ほう》、祀《まつ》ろうて下されよ。容《い》れ物と成りなりて下されよ。皆々改心結構《けっこう》でありますぞ。そっくりみな忘《わす》れて下されよ。みな捨《す》てて下されよ。捨てると摑《つか》めるのぞ。この方《ほう》、赤子《あかご》可愛《かわ》い可愛《かわ》いと申すぞ。皆々我《が》捨てて赤子《あかご》と成りなりて下されよ。理屈《りくつ》捨てて下され。理屈囚《とら》われると何もかもみな分からんようになるのじゃから、捨てて下されと申すのぞ。神、皆々可愛《かわい》いのじゃぞ。

艮金神殿《うしとらのこんじんどの》、お働きご苦労でありましたぞ。これより、新し世の仕組みてある、この度《たび》の時の御《おん》神様にお願いいたすお仕組みなれど、これも皆、新し三千《みち》世界《よ》のことであるから、隠《かく》しておいたものすべて顕れますのじゃぞ。

どうぞ、これからのお仕組み、人民みな楽しみ隆々《りゅうりゅう》なされますようお頼《たの》み申すぞ。

あなさやけあなすがすがし。この巻《まき》、「き」の巻と申すぞ。

二〇〇六年六月十二日　艮金神《うしとらのこんじん》　天《あめ》の日月《ひつき》の神　記《しる》す。

「く」の巻

苦《く》の花咲《さ》かす時来《く》るとは、このことでもありたぞ。皆々《みなみな》うれしうれしの世にお入り下さる時来たのざぞ。綺麗《きれい》さっぱり身魂《みたま》の掃除《そうじ》いたし、新し世にお入り下さるのざから、それ相応《そうおう》に皆《みな》、誰《だれ》も彼《かれ》も、これまでの因縁《いんねん》だけのこと掃除洗濯《せんたく》せねば、歓喜《かみ》移《うつ》られんようになっておるのじゃから、皆々改心結構《けっこう》であるぞ。

何もかもみな天地《あめつち》から頂《いただ》いておるのじゃから、そのこと忘《わす》れておざる臣民《しんみん》人民多いから、これまでの世の惨事《さんじ》となっておるのじゃぞ。このこと分かる臣民人民には分かるよういたしてあるなれど、みな悪《あく》の仕組みに惑《まど》わされて、この方《ほう》申すことお聞き下さる人民、今は少しではあるなれど、この方《ほう》に皆まつろうて下されよ。これはどうしたことかとビックリが出て来て、そうであったかと合点《がてん》ゆくようなっておるのじゃから、心配せずにこの方《ほう》に皆まつろうて下されよ。神が申すこと分からぬと申す臣民人民殿《どの》多くおるなれど、そなた達が分からぬと申すのは、そなた達の心に真意《かみ》宿っておらぬからであるぞ。宿っておらぬとは、誠意《かみ》を迎《むか》え入れておらぬということであるのざぞ。

靈団《かみ》の申す言《こと》、聞くには聞くだけの御魂《みたま》となりて下されよ。信じられる◎《みたま》となりて下されよ。分かりたか。これもみな仕組みてあることなれど、ここより他《ほか》に分かる所無いのであるから、分かる所無いと申すのは、これが神の申しておることであるということ分かる人民、ここより他《ほか》に縁《えん》が無いということであるのぞ。縁ある人民みなこの方《ほう》引き寄《よ》せておるのじゃ。言《こと》伝えられるようにいたしておるのじゃ。みな引き合わせておる仕組み。これ、荒《あれ》の神様お変わりなされてのお仕組みであるのざぞ。うれしうれしとなるお仕組みであるのじゃから、みな早《はよ》う伝えて下されよ。縁ある人民この方《ほう》みな引き合わせての、うれしうれしのお仕組みぞ。あら愉《たの》しゝ《ふじ》は晴れたり◯《にほんば》晴れ。

どうじゃ、分かりて来たか。皆々、神、靈《れい》、人、共に和す仕組み、人と人とが和す仕組み、うれしうれしとはこのことでもあるのじゃぞ。

因縁《いんねん》みな解消《かいしょう》さすのじゃぞ。我《が》、捨《す》てよ。皆と和せよ。我《が》がそなたを苦しめておるのざぞ。国と国も同じじゃ。お偉《えら》いさん殿《どの》、皆々我《が》が悪くいたしておるのじゃぞ。国と国、人と人、みな同じ道理じゃ。相手大切いたされよ。そなたの我《が》持ちて世は変わらんのざぞ。皆々共に生きよ。皆のために働けよ。皆のために働くとは、生きとし生けるものすべてに、感謝《かんしゃ》いたしまつろう生き方であるのざぞ。どこまで行っても、ゆけばゆくほど分からなくなるのは、そなたがまつろう生き方出来ておらぬからじゃ。ゆき詰《づ》まらせて、この方実地《ほうじっち》教えておること、お分かり下されよ。何もかも見え透《す》くぞ。どこまでも何もかも、分かるようにいたさすのじゃぞ。人民みなうれしうれしと喜ぶ仕組み、いくらでも教えてやるのざぞ。

そなた達が変われば国は変わるのぞ。そなた達が変えられるのではないのであるぞ。そなた達が変われば変わるのじゃ。分かりたか。この方《ほう》、皆々様方救う神であるなれど、死んで救う御魂《みたま》と生かして救う御魂《みたま》とそれぞれあるのであるぞ。そのこと神の帳面通りにいたさすのであるから、誰《だれ》一人として特別扱《あつか》いはいたさぬぞ。この御魂《みたま》とて、日々《ひび》改心さしてあるのじゃ。うれしうれしとなりてきておるのじゃ。この御魂《みたま》、世に落ちておりた代えの御魂《みたま》であるが、神一厘《かみいちりん》の御魂《みたま》でもあるのじゃぞ。このこと、この御魂《みたま》も分からぬよういたしておりたなれど、時節《とき》来たから申さすぞ。

これよりこの御魂《みたま》、皆に伝える役としてこれからずっと遣《つか》うから、皆そのつもりでおりて下されよ。天明《てんめい》の御靈守護《みたましゅご》に付けておるから、通訳《つうやく》出来るから、このように人民に分かりやすく説いて聞かせられるのじゃ。これまでの神示《しんじ》、皆このためにすべてが繋《つな》がっておるのじゃぞ。皆のために日々苦労に苦労重ねてのこの度《たび》の仕組みであるから、この方《ほう》もうれしたのしであるぞ。仕上げ隆々《りゅうりゅう》見ておざれ。何としたことかと、皆うれしうれしとなるのであるぞ。

これから皆、教会も無くして一つとなるのじゃから、古い教えはもう要《い》らぬのじゃぞ。その時々に合わせて説いて来たなれど、これより先はこの神示《ふで》よく読んで下されよ。それでは皆これまでのこと何でありたかと申す人民おるなれど、そなた達懐手《ふところで》いたさすために教示《ふで》出して来たのではないこと、分かりてあろうが。この方《ほう》、皆々様方救う大靈団《かみ》であるから、人民、獣《けもの》、虫けら、草木、すべてこの方《ほう》の可愛《かわ》い可愛《かわ》い子じゃから、皆々うれしうれしとさす世といたすのじゃから、人民さえ良ければ良いという世は無くいたすのじゃから、そのつもりで改心いたされよ。これまで出してきた靈示《ふで》、みな大切ごとであるぞ。この道の一二三《ひふみ》として読んで下されよ。

これより先は、この御魂遣《みたまつか》って伝えるから、そのつもりでおりて下されよ。この御《み》魂《たま》、よほどのことでもたいそう我慢《がまん》出来る尊《とうと》い御魂《みたま》であるから、人民この身魂《みたま》大切にして下されよ。靈団《かみ》、頼《たの》むぞ。これは大神の筆じゃと申し、皆の者に読まし下されよ。分かる人民分かるようになっておるから、読んで心勇む人民次々に現《あらわ》れなさるから、みな仕事結構ぞ。仕事とは、この方《ほう》に仕《つか》えまつろうての喜ばしき事であるのざぞ。縁ある人民みな引き寄せるから、皆で手分けいたし結構にいたし下されよ。

この世も大きく変わるのざから、これまでと同じでは暮《く》らしてゆかれんのざぞ。そなた達みな地の真意《かみ》と成りなされて世の立て替《か》えいたさすのざから、皆々洗濯掃除《せんたくそうじ》改心結構であるぞ。誠意《かみ》の容《い》れ物となりて下されよ。有りあまるほどの仕事あるぞ。早《はよ》うまつろうて下され。お蔭《かげ》取り得《どく》であるぞ。この神示《ふで》、皆の者に伝えて下されよ。ここより他《ほか》に通知《みち》無いことみな分かるから、これを皆に聞かせてやれよ。神、頼むぞ。これ、神の仕組みてありた、うれしたのしの仕組みの一つじゃから、世界中みなの者に知らせてくれよ。それぞれみな神々の手足となりて下されよ。この方《ほう》、みな人民一人一人分かるのじゃから、帳面つけておるのじゃから、心で悟《さと》りて下されよ。心にお話下されよ。

この方《ほう》の言葉聞こえぬのは、まだまだ因縁《めぐり》取れておらぬからであるぞ。日々《ひび》改心結構結構。邪心《メグリ》取れて何もかもスックリ見えて、この方《ほう》一人一人に靈団《かみ》付けて知らしてやるから、靈人《れいじん》様方では分からぬことでもあるのじゃぞ。靈人様でも分かるお方もあるのではあるなれど、これは神々様とて知らんお方あるから申すのじゃぞ。神とは、本来この方《ほう》の神子《みこ》としてお働き下さっておられます方々じゃぞ。人民作りた中津《なかつ》からの神々様とは、ちと元《もと》が違《ちが》いますのじゃぞ。そなた達を生かし下さっておられます神々様、分からぬか。皆々、神々様に囲まれて暮《く》らしておるのじゃぞ。

これは偽物《にせもの》じゃと申す人民、靈人殿《れいじんどの》、恥《はずか》し思いせねばならぬ時来るから、早《はよ》う改心結構結構。誰《だれ》も彼《かれ》も改心いたせば、磨《みが》けば光る御《おん》神々様の容《い》れ物となれる身魂《みたま》であるから、そなたらみな地の神となりて立て替えいたさすのじゃから、みな何もかも見透《みとお》し出来るよう、綺麗《きれい》さっぱり掃除洗濯して下されよ。富士《ふじ》晴れるぞ。富士とは、⦿△《ふじ》のことじゃぞ。因縁《いんねん》じゃぞ。そなたらの犯《おか》して来た諸々《もろもろ》の諸行《しょぎょう》が顕《あらわ》れ、苦しみ、そしてすべてを知り改心いたし、あっぱれ歓喜《かみ》の容《い》れ物となること申すのざぞ。世の元からの因縁多くあるなれど、それもこれも皆そなた達の生まれ変わり犯《おか》して来たことの廻《めぐ》りであるから、みな自分で自分のツケは払わねばならん道理、分かるであろうがな。日々《ひび》改心結構結構。皆々借金無しといたし、うれしうれしの花咲《さ》かすのざぞ。苦《く》の花咲かすのざぞ。まこと美《うつく》しこのはなさくや姫《ひめ》様、顕れなさるぞ。あっぱれあっぱれとなるぞ。

これからは、悪《あく》の仕組みに関わっておりた御魂《みたま》らも、みな改心さして救わねばならんから難儀《なんぎ》なれど、皆このこと知らして改心さしてやりて下されよ。みな改心すれば悪の御子《みこ》とて大した貴《とうと》いお働きいたす御魂《みたま》であるから、無き者とせず抱《いだ》き参りて大事にして下されよ。皆々可愛《かわ》い可愛《かわ》い神の子であるのじゃぞ。言うても分からぬからと申して、力して改心さすやり方、悪であるぞ。悪まだまだ根づいておるから、皆々よく腹《はら》の掃除いたされよ。見え透《す》くぞ。

堂々巡《めぐ》りなされるなよ。これ、大切ごとであるから申すのざぞ。これで一度は悪改心いたすところまでゆくなれど、それから先は、善《ぜん》改心いたさねばならんぞ。善改心いたさすとは、本来善は無いのであるのざぞ。分かりたか。己《おのれ》が善と思っておるお偉《えら》いさん、そなたが世を狂《くる》わせて来たのでもあるのざぞ。善は、悪を悪として見て来たがゆえに悪が増《ふ》えてきたのじゃ。悪は、お働きぞ。仕組みの一つであるのじゃぞ。善は、悪があるがゆえにあると申しておろうが。分かりたか。皆々神の神子《みこ》であると申すこと、そのこと腹に据《す》えておりて下されよ。

これ、「く」の巻《まき》といたす。天明《てんめい》、健仁《たけひと》、ご苦労でありたぞ。

二〇〇六年六月十四日　天《あめ》の日月《ひつき》の神　記《しる》す。

「け」の巻

うーみーうーつーこーえー

その唄《うた》これ響《ひび》きに変わる。真《まこと》のことぞ。そのみほにあらるるまま言うことの意味に声する映《うつ》し世《よ》ぞ。世の事となる礎《いしずえ》のありのままにうみうつ声となりにけり。

うーるーうーるーうー
そーにーよーろーゆーぅ
ゑーにーそーれーきーしーるーぅ

ろーそーしーりーえーれーうー
きーるーおーのーこーろーおー
りーすーるーくーりーよーるーぅ
みーりーにーしーくーりーいー
るーぃーるーぃーるーぃーるーぅ
のーろーをーろーおーぅ
りーぃーるーぅーすーぅ
くーりーゐーりーいーにーるーぅ
りーぬーるーぅーるーぅーるーうーぅ
のーそーこーろーふーるーぅ
にーしーくーるーぅーるーうーぅ
ねーれーえーゑーぇーよーるーぅ
にーりーいーぃーゐーうーぬーるーぅ

のーしーりーきーそーろーうー
きーりーいーすーるーくーぅ

この言《こと》、うみの歌。心に響き、

うーすーるーうーとーぅ
あーえーいーおーうー
くーるーすーぅーぬーぅーうー
のーにーしーきーるーぅーぬー
きーにーしーりーいーりーぃ
きーぬーすーるーぅーぬーるーぅ
こーろーおーのーおーろーぉ
にーりーいーしーいーりーぃ

るーすーうーるーすーるーぅ
のーしーいーりーいーりーぃ
ぬーるーすーるーうーぬーぅ
こーろーそーろーおーのーぉ
りーゐーいーゐーいーぃ

これ、にしのはすくるしょうのきし。
あいのうたでありますぞ。
これうた、うたの頃《ころ》の詩《うた》。

りーぬーるーをーわーかーよー
たーれーそーつーねーなーらーむー
うーゐーのーおーくーやーまー

けーふーこーえーてー
あーさーきーゆーめーみーしー
ゑーひーもーせーすーんー

これ　いまのうた
いーきーしーりーゐーりーぃ

二〇〇六年六月十九日　天《あめ》の日月《ひつき》の神　神人《かみひと》繋《つな》ぐ。

「こ」の巻

理屈《りくつ》申さず参れよ。理屈申すと苦しくなるぞ。これみな、いしの力にありますぞ。いしとは、石、意志《いし》、善《い》しと申しますぞ。これから申す仕組み、木花咲哉姫《このはなさくやひめ》様うちひしぎにならるうことにあられますのぞ。これらはみな、合《あ》いすることの意《い》となる仕組みでありますのぞ。れすこのみねにいる無の大神、胸《むね》に大御親《おおみおや》聞けこまし、そのうゐのおくやまにあります地《ち》の大御親《おおみおや》、この父子《ちちこ》にあらるること申し上げます。今この耳振立《ふりた》てて聞こし召《め》せとかしこみかしこみ申《もまを》す。これから申すこと、この世のあらるる姿《すがた》の大御親《おおみおや》に映《うつ》る、一《はじめ》のことでありますゆえ、皆々辛抱《みなみなしんぼう》大切でありますぞ。これまでのこと、今までのことと申さす、一番の仕組みでありますぞ。

映《うつ》し世《よ》とは、このことでありますのぞ。今ある姿はみな靈界《れいかい》の事象《じしょう》であり、現実界《げんじつかい》における荒《あ》れはみな靈界の荒れの映しであります。靈が先と申さしたのは、このことでありますのぞ。靈人《れいじん》みな改心いたし、すっくり心変えて下されねば、人民心晴れぬのでありますのぞ。皆々映し出されておるのじゃから、人民に申し訳《わけ》あるまいがな。この御魂《みたま》そのこと分かるゆえ申さしておるのじゃぞ。靈人も人民となり移《うつ》り変わりながら学ばせておったが、これからは靈人と人民と一つと成りなりて、地《ち》の大御親《おおみおや》の御《み》心《こころ》に添《そ》い奉《たてまつ》りし、地《くに》の日月《ひつき》の民《たみ》となり、真《まこと》の神の容《い》れ物となり、仕事さして世の立て替《か》えいたさすのであるから、みな覚悟《かくご》いたされよ。怖《こわ》くて嬉《うれ》しいお仕組みであるゆえ、みな楽しみいたされ、この方《ほう》の元《もと》に参りて下されよ。良いか、この方《ほう》、三千年の時を待ちておりたのじゃ。皆々会える日を楽しみにいたしておりたのでもあるのぞ。これより、古《いにしえ》の声の元を映す時来たのであるから、艮金神殿《うしとらのこんじんどの》の御計《おんはか》らいにいたり、うゐのおくやまにあがりておりた神々様にお目にかかれますのじゃぞ。根の国、意《い》の現《うつ》しの国にあるゆえ、この度《たび》のお取り計らいとなっておりますのじゃ。良いか、これみな神国神世《かみくにかみよ》のことであるゆえ、健仁《たけひと》分からぬが、それでみな物事つじつま合っておるから、このまま続けて下されよ。

根の国は、この世の現《うつ》しであり、神界《かみくに》の入口にある世《くに》でもあるなれど、このこと、うゐねとおることにあらるるゆえに申す。これまで生かしておりた御魂《みたま》は皆この方《ほう》の遣《つか》いであるが、これから遣《つか》う大事な隠《かく》し御魂《みたま》でもありたのじゃ。ゆえに、分かる御魂《みたま》も無いなれど、ここに申さすから、分かる人民これ見て心得て下されよ。これにあるるは、ウの大神にあられますぞ。この方《ほう》の親なれど、この方《ほう》でもありますのじゃ。この方《ほう》の子でもありますのじゃ。良いか、これみな神の世《よ》の初めのことであるのじゃぞ。このこと申すは、人民に申しておるのではなく、靈人殿《れいじんどの》に申しておりますのじゃ。理屈申す靈人殿あまりに多いがゆえ、事分けて申さすのじゃから、人民には何のことか分からぬのも無理ないなれど、暫《しばら》くは辛抱《しんぼう》なされよ。靈人には、神界《かみくに》のこと分かりやすう説かねば納得《なっとく》されんようじゃから、この方《ほう》、疑《うたが》う靈人殿多いゆえ申さすのじゃ。良いか、よく聞きなされよ。

そなた達を生んだのは、この方《ほう》の神子《みこ》らである。その方《ほう》らが生きておるのは、この方《ほう》の御胸《みむね》である。その方《ほう》らが死んで生まれるのは、人民がある世界である。その方《ほう》らがおる世界は皆それぞれの御魂《みたま》に応《おう》じた各次元《せかい》であり、移り変わりの多い世界である。ゆえに、それぞれがそれぞれの世界に生きておるのじゃ。これから申すのは、皆々真《まこと》のことであるなれど、分かる靈人殿には分かるのであるのぞ。良いか。これは死ぬということにおいて痛《いた》みを知らぬ靈人の世界に痛みをもたらすのが、この方《ほう》の仕組みてある喜びであるのじゃぞ。何ゆえ、死をもたらし人民に落とすのかと申すなれど、人民ほど貴《とうと》い学びが出来る者は無いのじゃぞ。この方《ほう》とて、人民として何度も生まれながら皆々に申してきておるのなれど、分かる人民おらぬから、見て見ぬ振《ふ》りしておったのでもあるのじゃ。これ方便であるのじゃぞ。理屈申すなよ。

今までのこと、これからのこと、皆あまりに混《こ》み合っておるから、一つ一つ整理せななならんから、今までからまず掃除《そうじ》させるのじゃ。そのことまず分かりて下されよ。これからのことは、掃除出来てからでなければ申しても分からんことであるから、まず今までのことを掃除いたすのじゃ。良いか、靈人殿に申しておりますのじゃぞ。人民みな、靈人殿改心いたさねば、うれしうれしの世に移ること出来ぬから申すのじゃ。皆の子孫《こまご》でありますのじゃ。時移した己《おのれ》でもありますのじゃ。ゆえに今までしてきましたことが、みな顕《あらわ》れておりますのじゃ。ご守護《しゅご》いたしておりますのは、己の時移った先のお姿《すがた》でありますのじゃぞ。

この御靈魂《おんたま》とて王でありたのじゃが、改心せねばならんから、一旦《いったん》人民の落ちたところまで落として改心さして、皆のために生きること誠分《まこと》からして、改めてこの方《ほう》の一厘《いちりん》の仕組みに遣《つか》う隠《かく》し御魂《みたま》であったが、この御魂《みたま》に本日申したから、皆のため永久《とことわ》に生きること何度も言うたから、この方《ほう》うれしうれしでありますのじゃぞ。これから皆のために生きなされと申したのではないのじゃ。皆のために生きてゆきたいと神に願いを奉《たてまつ》ったのじゃぞ。真《まこと》の改心《かいしん》とは、快心《かいしん》となることでありますのじゃ。うれしうれしとは、立て替えとは、このことぞ。

人民の身魂《みたま》みな掃除さして、地《ち》の神とさして、天《あめ》の神は隠居《いんきょ》いたすお仕組みじゃぞ。

ゆえに、神人《かみ》とならねば獣《けもの》として生きねばならんと申すのじゃ。獣《けもの》とて可愛《かわい》いこの方《ほう》の子であるから、改心出来ぬ御魂《みたま》は獣《けもの》にも出来ぬから草木に格下《かくさ》げいたすなれど、草木とて大事なこの方《ほう》の御魂《みたま》入っておるから、草木にも出来ぬとなれば石にするより他《ほか》ないから、そのつもりでおりて下されよ。このこと、例えで無いのじゃぞ。神意《まこと》分かり下されよ。皆々改心快心結構結構《かいしんかいしんけっこう》。今までの因縁《めぐり》みなすっくりと、綺麗《きれい》さっぱり掃《そう》除洗濯《じせんたく》なされよ。皆々靈人殿《れいじんどの》も共にいたさなならんのじゃぞ。この御魂《みたま》とて日々《ひび》改心さして、もういたしませぬと言いながら少しずつ変わって来たのじゃから、皆々もっともっと善《よ》きよう変われますのじゃぞ。変われぬ者みな石にいたさすから、変われんと申す者そのつもりでおりて下されよ。

皆のために生きるとは、人民だけのために生きることとは違《ちが》いますのじゃぞ。地の大神様の御心《みこころ》に溶《と》け入ることでありますのじゃぞ。感謝《かんしゃ》感謝でうれしうれしとなることでありますのじゃ。良いか。分かりたか。皆この方《ほう》の御魂《みたま》分けておるのじゃから、誰彼《だれかれ》ともみな改心いたせば、この方《ほう》、神付けて分かるよう申さすから、神、人、共に成りなりて、神人《かみびと》となりて下されよ。これ例えで無いぞ。今、このこと分かる人民一《いち》厘《りん》も無いなれど、一厘になりたら世は変わるのじゃぞ。

ここに縁《えん》ある人民、そなたはこの方《ほう》が引き寄《よ》せておるのじゃぞ。よく読んで改心結構であるのじゃぞ。御魂相応《みたまそうおう》に申さすよういたしておるから、早《はよ》う氣《き》変えて、新し衣《ころも》に着替《きが》えて下されよ。うれしうれしじゃぞ。地震《じしん》の神様、総活動《そうかつどう》でありますぞ。大難《だいなん》を小難《しょうなん》にと日々《ひび》お願い申せよ。大地震《おおじしん》はいつ来るのじゃと申しておる人民、悪《あく》の輩《やから》の容《い》れ物となっておるのじゃぞ。大地震、喜びで無いのじゃぞ。起きぬように皆で改心いたし、日々地震の神様にお願い申すのが真《まこと》の神人《かみびと》であるのじゃぞ。地の大神様もお変わりなさるが、人民の心によっていかようにでもお変わりなさるるのじゃけれども、神々様方にお願い申して、日々ご苦労申さしておるのじゃから、人民、地の御《おん》神様にお謝《あやま》りいたし、まつろうて下されよ。足元拝《おが》んで下されよ。足から氣《き》頂《いただ》いておるのじゃ。足元、神じゃ。神の御身体《みからだ》じゃ。分かりたか。そなたらを愛《いと》しい愛しいと、大切にお思いなされておられる大神様でありますのじゃぞ。何ゆえ大神様かと申す人民、霊人殿おられるが、そなた達の近目では、大神の御心、仕組みは分からぬのでありますのじゃぞ。分からぬから分かるようまつろうて下されよ。

人民、神無き者にいたしておるから、靈憑《れいがか》りうようであるのじゃ。神分からぬ靈人殿、この世乱《みだ》しておられるのじゃぞ。仏魔《ぶつま》となりておりますのじゃぞ。仏《ほとけ》の世は終わりておるのじゃ。何もかも許《ゆる》しっぱなしの世は終わりたのじゃから、改心せねば神《かみ》世《よ》には生きてゆかれん道理、分かりて下されよ。何もかもきちりきちりと映《うつ》しの世となるのであるのぞ。ありのままに生きるとは、うれしうれしとなる神の世でありますのじゃ。綺麗《きれい》サッパリとなって、真曇《まことくも》り一つ無い御心《みこころ》のままに弥栄《やさか》える神人《かみびと》の世となるのじゃ。皆々改心結構結構であるぞ。

二〇〇六年六月二十日　天《あめ》の日月《ひつき》の神　申す。氣《き》の世界在《くにあ》られる顕《うつ》しの世初まり。

「さ」の巻

うゐのおくやまけふこえてあさきゆめみしゑひもせすん。これからのことでありますぞ。うゐのおくやまとは、この方《ほう》の元《もと》へ歩み寄《よ》り花咲《さ》かす心の元でありますぞ。けふこえてあさきゆめみしゑひもせすんとは、苦《く》の花咲きうれしうれしの思いに至《いた》る至《し》福《ふく》の地上世《せ》界《かい》にそれぞれみな生まれ変わり、末代貴《まつだいとうと》いお役目に至りますことへの祈《いの》りの意でもありますのじゃ。このこと、ウの大神様の古《いにしえ》の大いなる映《うつ》し世《よ》の清美《きよみ》でありますのじゃ。

心の中、何もかもすべてがありますのじゃ。無いものは現《あらわ》れては来《こ》んのじゃぞ。世はそなた、そなたに付いておられます靈人殿《れいじんどの》の思いの現《うつ》しそのものでありますのじゃ。

日月地神示

心とは、靈界《れいかい》そのものでありますのじゃ。靈界とは、ありとあらゆる物の形を生む原型そのものであり源《みなもと》でありますのじゃぞ。靈界にあるものすべてが現界《げんかい》に顕《あらわ》れておりますのじゃ。このこと分かりて下されよ。このこと靈人殿《れいじんどの》、神々様、皆《みな》ご理解《りかい》下されよ。

神々様とは、人民がお造《つく》りたもうた神々様でありますぞ。地獄《じごく》もみな人民が造《つく》りたもうた世界でありますのじゃぞ。恐《おそ》ろし魔物造《まものつく》りたのは人民の蔭《かげ》の念からじゃ。本来無いもの生み出してきたのじゃぞ。とて、みな神の御心《みこころ》の中にありますのじゃが、それもみな真《まこと》の神々が導《みちび》いて、良き姿《すがた》へと変えて下さっておるから心配ないなれど、気づかぬ人民まだまだ多いから、無き魔物生み出さんで下されよ。魔物好む人民、心勇んでおらんから、他《た》愛することと出来ぬと他《た》を力で思うようにいたそうとし始めるのじゃ。そして、念で本来ない魔物生み出して、それらがうごめくようになれば、靈人殿も皆あるように思うてしまうのじゃ。

そのこと、今申してあること真《まこと》であるから、大切ごとであるから、人民気つけて下されよ。無き魔物生んで下さるなよ。靈憑《れいがか》りうようよじゃ。魔物の容《い》れ物となっておられます人民多いから、分からん人民何ゆえここまで世は乱《みだ》れに乱れてしまっておるのか、神はおらんと申して好き勝手しているから、ますます魔物多くなって来て、自分らで生み出した魔物の容《い》れ物となりて、自分らを殺すこととなるから申しておるのじゃぞ。このこと分かる人民あまりに少ないなれど、言わねばならんから申して聞かしておるのじゃ。今に魔物改心したくなくて、暴《あば》れに暴れる者まだまだ出て来るから、人民手つけられなくなるから、早《はよ》う真《まこと》の神の元で改心いたして、神意《かみ》の容《い》れ物となりて下されよ。それより他《ほか》に手はないのじゃから、早《はよ》う人民気づいて下されよ。良いな。

人民ここまで地の神様のご恩忘《おんわす》れて、真《まこと》の歓喜《かみ》無きものといたしてきて、荒《あ》れに荒れておるの見ても自分のことより他《ほか》考えぬから、ますます悪くなってどうにもこうにもならなくなってゆくから、その時改心いたしても共倒《ともだお》れとなるから、そうなっては人民、獣《けもの》、草木、虫けらもみな可哀想《かわいそう》なから、みな助けなならんから申しておるのじゃぞ。

良いか、この方《ほう》申すこと我良《われよ》しの人民には毒であるなれど、その毒を薬といたして早《はよ》う改心いたしくれよ。神々様総掛《そうがか》りでありますのじゃ。日本全体に地震《じしん》起こして、大難《だいなん》を小難《しょうなん》にいたしておるのじゃから、人民も皆それぞれに改心いたし、皆のものに早《はよ》う伝えて下されよ。教会は無くいたさすのじゃから、自分たちの教会の教えというものみな我良しであるから、この地の大神の御心《みこころ》に溶《と》け入って下されよ。この地、すべてのことであるのじゃから、日本が日本がと申しておっては、ますます分からなくなりますのじゃから、大き目で見て下されよ。それぞれに雛型《ひながた》出して、学ばせておるのじゃ。ここに縁《えん》ある者、皆これからの日本のこと学ばせてあるぞ。そなたらの周りに出してあること、日本の雛型でもあるのじゃぞ。日本は世界の雛型でもあるから、これから逃《に》げ出す人民多く出て来るから、そんな人民、どこ行っても堂々巡《めぐ》りじゃから、改心せん限《かぎ》りどこに逃げても隠《かく》れても無駄《むだ》なれど、それでも逃げて何とかなると思うておる人多いな。

いよいよ、世界の動き激《はげ》しくなりますのじゃぞ。どれもみな人民の心から生まれておること、早《はよ》う分かりて下されよ。苦しくなりたら、みな心改める時与《あた》えられておるのじゃから、素直《すなお》に変わり下されよ。我張《がは》っておるから、ますます苦しむのじゃぞ。肉体そなたのものではないのじゃぞ。皆この神の身体《からだ》じゃ。みな人民靈人のためにお貸《か》しいたしておるのじゃから、大事にいたされよ。

四足《よつあし》食うでないぞ。皆々人民、間違《まちが》いだらけでありますのじゃぞ。食わんでも死にはせんぞ。草木みな動物に食べられるために生きておるのじゃ。理屈《りくつ》申さず素直《すなお》にいたし下されよ。皆々苦しんでおりますぞ。皆々人民好きなようにいたしておるからじゃぞ。食うもの、着るもの、何もかも有りあまるほど与えてあるではないか。これ一番に大事な教えでありますのじゃぞ。そのこと大昔より教えて来ておるのじゃが、みな悪《あく》の仕組みにワヤにされて分からんようになりておるから、今の世となりておるのじゃ。草木から獣《けもの》、虫けら、生まれますのじゃ。この方《ほう》の身々《みみ》でありますのじゃぞ。動物生きられるようにいたすために草木作りたのじゃ。皆そなた達のために作っておるのじゃから壊《こわ》すでないぞ。壊すと己《おのれ》壊すこととなるのじゃから、いつまでも分からん人民と成りなさるなよ。

何もかも癖《くせ》でありますのじゃぞ。煙草《たばこ》も酒《さけ》も菓子《かし》も皆々癖ぞ。新し世となれば、みな人民で好きに作りて良いのじゃぞ。新し煙草、酒、菓子、皆々好きに作りて良いのじゃぞ。草木からもの生まれると申してあろうがな。獣《けもの》、虫けら、在《あ》る何もかも、みな友といたされよ。人民生きるために大事な、みな友でありますのじゃぞ。殺すでないぞ。殺すと人民殺すことになりますのじゃぞ。まだ分からぬか。変われぬ人民みな石にしてしまうから、覚悟《かくご》いたされよ。これ脅《おど》しでないのじゃぞ。人民自ら石となりますのじゃぞ。分からぬと申しても何万年かけて教えてきておるのじゃから、いよいよ神も知らんぞよ。皆々救わねばならんから、分からぬ人民気の毒じゃけれど、仕方ないからいよいよじゃぞ。これ例えではないのじゃぞ。実地《じっち》にもう既《すで》に出してもおるが、それでも分からぬ人民多いから、いよいよ人民半分残らんようになるから、そのつもりでおりて下されよ。神は無いものかと申す人民、みな石となりますのじゃぞ。じゃから、くどう申すのも人民可愛《かわい》いから、これまで神の容《い》れ物となりて下さった人民遣《つか》って、幾度《いくど》も教えてきておるのじゃ。

ここまで事分けて聞かしたら分かるであろうがな。分からんでも分かりて下されよ。神、頼《たの》むぞ。あまりにも酷《ひど》いこととなると、人民生きて変えられんようになるかも知れぬから、今のうち改心いたし、神の言《こと》ようく聞きなされよ。待てるだけ待ちて、神、みな神々様方にお頼み申しておるのじゃから、人民この神の心分かりて下されよ。この神、地の大神でもあるのじゃぞ。理屈捨《す》てて下されよ。理屈で分からぬと申してあるのじゃぞ。

これ、「さ」の巻《まき》。「き」の巻、よく見なされよ。隠《かく》しておるのじゃぞ。あいうえおかきくけこ。ななにくるのはいちにのものにならず。これみな天界のこと。分かりたか。うれしうれしとなる秘密《ひみつ》。いうえおかき。

二〇〇六年六月二十三日　天《あめ》の日月《ひつき》の神　うれしうれしの叶《かな》いとなりますぞ。

「し」の巻

苦しみとは、己《おのれ》が何者であるか分からぬようになっておることじゃぞ。皆《みな》それぞれに大事な役目授《さず》けてあるに、みな気づかんから苦しむのじゃ。皆この世に降《お》りて勉強さして、共にうれしうれしとなるため、神々様にお願いいたし、仕組みて時与《あた》えてあるのじゃぞ。その事分かる人民少ないから、今のようになりておるなれど、いつまでも聞き耳持たんと苦しくて、どうか助けてくれと申すようになるのじゃから、その時では役にも立たん、改心も出来ん、這《は》いずり回るようになるのじゃから、今のうちからくどう申しておくのじゃぞ。聞いておらんと申しても、聞く耳持たん人民多いのう。何もかもみな大事なお役目授《さず》けてあるのじゃから、早《はよ》う改心いたし皆のためにお働き下されよ。あべこべならん。手が足となっておっては苦しかろうに。目は口にはなれんのじゃぞ。分かりたか。それぞれの御魂《みたま》に応《おう》じて、役割《やくわり》決まっておるのじゃから、そのこと知るのが一等じゃぞ。

上に立つ臣民《しんみん》みな改心いたし、皆に頭下げねばならん時来ておるのじゃ。皆々《みなみな》改心いたし、人民に土下座《どげざ》せねばならん時来ておるのじゃぞ。分からんと申しても、いつまでもそういたしておると可哀想《かわいそう》出来るから、神くどう申しておるのじゃ。

人民よくお聞き下されよ。そなた達は皆、この方《ほう》が生み出したものであるのじゃぞ。この方《ほう》の身々《みみ》分けて創《つく》りておるのじゃ。みな大切なから生んでおるのじゃぞ。分かりたか。そなた達自分で生まれて来たのではないのじゃぞ。この方《ほう》が生ませておるのじゃ。肉体は皆、この方《ほう》のお土固めて作りておるのじゃぞ。この方《ほう》の心分けておるのじゃぞ。皆々一つ一つ大事な役目持たせ生み出しておるのじゃ。己の身体《からだ》見てみよれ。雛型《ひながた》となっておろうがな。そなたはそなたのものではないのじゃぞ。皆々この方《ほう》の大切な分御靈《わけみたま》であるのじゃ。皆のために働くように作りてある大事な御魂《みたま》じゃ。じゃと申して、役に立たん御魂《みたま》みな無くしてしまうから、そのつもりでおりて下されよ。世に出ておる悪党《あくとう》も皆、この方《ほう》の仕組みておることぞ。神は悪党かと申すなれど、神はそなた達みなに分かってもらいたいから、そういたしておるのじゃ。何ゆえに人民殺すのかと申すなれど、殺されるには殺されるもの持っておるのじゃ。己《おのれ》で己を決めておるのじゃぞ。何度も生まれ変わっておると申しておろうがな。皆々借金済《す》まさして、殺し合いも奪《うば》い合いもみな無くさすため、それぞれに学ばせておるのじゃ。

事細かに言わんでも分かる人民貴《とうと》いぞ。理屈《りくつ》ばかり申す人民、改心足らんのであるのぞ。そなたは何十回、何百回、何千回と生まれ変わり死に変わり、繰《く》り返して今にあるのじゃ。皆々そうして学ばして歓喜《かみ》の容《い》れ物となれるよう、今まで御心《かみ》が導《みちび》いてきたのじゃ。どこまでも疑《うたご》うて下さるなよ。うれしうれしと楽に変われるよう申しておるのじゃから、赤子《あかご》となりて下されよ。

これからは人民、靈人殿《れいじんどの》、神々様に伺《うかが》いながら、何でも分かる世となるのじゃから、苦しむ事無くなるのじゃから、うれしうれしの仕組みとは、そのことでもあるのじゃぞ。皆これまで申しても疑《うたが》うなれど、科学科学と申して何も人民救えんのじゃから、気づいて下されよ。科学も神が与えたものであるなれど、方便であるのじゃぞ。何も無くても人民、十分うれしうれしで生きてゆけるのじゃぞ。そのこと分かりて欲《ほ》しいから、まず人民にあれもこれもみな与えてきたなれど、いよいよこの神、共に苦しくなってきたから、こうして申してもおるのじゃから、この方《ほう》の思い、早《はよ》う悟《さと》って下されよ。神、頼《たの》むぞ。そなたは改心いたしておるなれど、皆が改心せねばこの仕組み成《じょう》就《じゅ》せんのじゃぞ。

これより先、この方《ほう》が皆の質問《しつもん》にすべて答えてゆくゆえに、健仁《たけひと》、覚悟《かくご》いたせよ。出入《ではい》り激《はげ》しくなるぞ。疑う人民たくさん押し寄《よ》せるから、その覚悟いたされよ。それくらい出来る御魂《みたま》であるのじゃぞ。皆々神に任《まか》せて下されよ。疑わずみな◎《かみ》に委《ゆだ》ねて下されよ。ここに縁《えん》ある人民殿、この方《ほう》みなに知らしてゆくから、縁ある者に伝えて行って下されよ。

この方《ほう》、天《あめ》の日月《ひつき》の神と申す。この度《たび》、靈人殿に岡本天明《てんめい》の御靈《みたま》、守護《しゅご》神殿《しんどの》に艮金神殿《うしとらのこんじんどの》、雨《あめ》の神殿《かみどの》、風の神殿、巌《いわ》の神殿、荒《あれ》の神殿、地震《じしん》の神殿、竜宮《りゅうぐう》の乙姫《おとひめ》殿《どの》、オオカムツミの神殿、スサナルの大神殿、皆々総掛《そうがか》りでご守護いたさすから、この者に伺《うかが》って来て下されよ。これ世の立て替《か》えの仕組みであるのじゃぞ。神、いよいよもの申してゆく時来たぞ。健仁《たけひと》、容《い》れ物として遣《つか》うから、この方《ほう》の身体《からだ》となりたぞ。これ方便ではないのじゃぞ。世に出ておる霊憑《れいがか》り、皆この方《ほう》が面倒《めんどう》見てやりますのじゃぞ。皆々この方《ほう》にまつろうて下されよ。分からぬ人民みな分かるようにいたさすから、覚悟《かくご》いたされよ。この御魂《みたま》、ちょっとやそっとのことでくじけん尊《とうと》い御魂《みたま》じゃから、神、皆の者に申しておくぞ。この御魂《みたま》、この世の王として遣《つか》っておりた御魂《みたま》である。世の元《もと》より隠《かく》しておりた神一厘《かみいちりん》の御魂《みたま》でもあるのじゃ。疑《うたが》う人民、このこと分からぬ御魂《みたま》であるなれど、分かる人民ほとんどおらんのじゃぞ。奇跡《きせき》無いと申しておろうがな、真《まこと》の神には奇跡は無いのじゃぞ。奇跡無いのが真《まこと》の奇跡じゃから、みな間《ま》違《ちが》えんで下されよ。

この方《ほう》に何でも尋《たず》ねてござれ。何でもそれ相応《そうおう》に答えてやるぞ。理屈申さず尋ねてござれよ。この御魂《みたま》、人間であるから、皆と同じように生きておるのじゃから、疑うのも無理ないなれど、この神、人間に憑《かか》ること滅多《めった》に無いのじゃが、天明《てんめい》の次であるのぞ。この御魂《みたま》、天明の生まれ変わりの役でもあるのじゃが、この御魂《みたま》そのこと言いたくなかったようなれど、皆に言わねばならんから神が申すのじゃ。天明の御霊訳《みたまやく》すお役であるから、この度《たび》、人間としてこの方《ほう》の言《こと》、表《あらわ》せるのじゃぞ。分かりやすう説いて聞かすからそのつもりでおりて下されよ。この神、いよいよ人となりてもの申す時来たのじゃぞ。健仁《たけひと》、心配するでないぞ。心配せず、何もかも皆この神に委《ゆだ》ねてござれ。

二〇〇六年六月二十四日　天《あめ》の日月《ひつき》の神　申す。

「す」の巻

　これにて申すは、苦《く》の花咲《さ》かせ、みな改心いたさす運びにて、世の立て替《か》えとなるのじゃぞ。ゆえに、この方《ほう》にまつろうて下されよ。皆々可愛《みなみなかわ》い可愛《かわ》い御魂《みたま》なれど、分からぬと気の毒出るから、神くどう申さしておるのじゃぞ。幾《いく》らでも臣民《しんみん》人民そなたらの仕事あるゆえ、早《はよ》うこの方祀《ほうまつ》ろうて下されよ。一人一人分かりやすく事分けて申すから、人民頭《あたま》で考えて下さるなよ。皆々この方《ほう》にまつろうて、うれしうれしとなりて下されよ。

　これからのこと人民心《じんみんごころ》では分からぬから申さすのじゃぞ。みな神々様でも分からぬ仕組み、ここより他《ほか》に神示《しんじ》出ぬから申さすのじゃ。これ改心いたせば何とうれしい仕組みでありたかと、みな大き器《うつわ》となりて思うなれど、今の人民ほとんど神の宝《たから》も入らぬから、もう少し大き器持ちておざれよ。神くどう申さすぞ。どうにもならん助けてくれと申しても、助けられんこと出来るから申すのぞ。ここまで人民に分かりやすくくどう申す神心《かみごころ》、分かりて下されよ。人民みな改心いたさなならんのであるぞ。何もかもみな改心いたさねばならぬのであるぞ。

どうしてもここより他《ほか》に出んのであるから、そのこと分かる人民少ないなれど、我《が》が見えなくいたしておるなれど、我《が》みな早《はよ》う無くして大き我《が》となりて下されよ。無くせば大きくなる仕組み、分かりたか。我《われ》が我《われ》がの人民ばかりじゃ。それではみな靈憑《れいがか》りとなりて、あっちへうろうろそっちへうろうろ、どこへ行っても何も分からん、魔《ま》物《もの》に使われることとなるから、真意摑《まことつか》んで下されよ。

因縁《いんねん》の御魂《みたま》みな、この方《ほう》ここに引き寄《よ》せてあるのじゃぞ。まだ分からんか。この方《ほう》、この者遣《つこ》うて皆に知らしておるのじゃぞ。みな鼻高《はなたか》となりておりて、分からん人民なお分からぬようになってゆくから、迷《まよ》うから迷わぬようここに光当てておるのじゃ。

疑《うたが》うには疑う心、そなたにあるなれど、何ゆえ疑うか分かるか。そなたはこれまでワヤにされ続け、真《まこと》を見つけられず苦しんでおりたがゆえ、己《おのれ》に鍵《かぎ》をかけているがゆえ、この方《ほう》の言葉も聞けぬようになりておるのじゃぞ。安心してこの方祀《ほうまつ》りて下されよ。何も心配せずこの方《ほう》みな救うてやるから、我《が》捨《す》ててこの方《ほう》に抱《いだ》かれて下されよ。皆この方《ほう》が、〻付《かみ》けて守護神殿《しゅごしんどの》に申して導《みちび》き下さるよういたさすから、その日時《とき》から良くなってゆくのじゃから申しておるのじゃぞ。ここまで申して嘘《うそ》であるということ無いのじゃぞ。

この方《ほう》皆々改心さすまで歌唄《うた》うぞ。うれしうれしの歌唄うぞ。

あーやーわーやーわーぁ。どうじゃ分かりたか。

うれしうれしで峠越《とうげこ》さすとは、うれしうれしと歌唄うことでもあるのじゃ。この道始め苦しいなれど、後《あと》になるほどうれしうれしと、何としたことかと、ビックリするほどに神の仕組みに笑い泣くのじゃから、早《はよ》うこの方《ほう》にまつろうて下されよ。

これ、「す」の巻《まき》。皆うれしうれしの歌、唄う仕組みじゃ。

うーるーうーるーうーーーー。

二〇〇六年六月二十六日　天《あめ》の日月《ひつき》の神　唄う。

「せ」の巻

うるうるう。この御魂《みたま》、御心《みこころ》のまにまにおわします、かむろぎかむろみの命《みこと》もちて、かの恩人《おんじん》にあらるる、みいずのつかさにあるもの、今これにあると申す。みちにかえらるることのうゐのおくやまにある、人と靈人《れい》との境《さかい》にある艮《うしとら》の門に帰られば、この御《み》魂《たま》の苦しみ解《と》けると申す。

我《われ》、この身に下《さ》がれて思うは、これまでの諸々《もろもろ》の禍事罪穢《まがごとつみけが》れ過《あやま》ちを祓《はら》うことばかり思い、肝心《かんじん》の改心が出来ておらず、この身魂《みたま》に憑《かか》りたもうたのであるなれど、この御《み》魂《たま》、大神様の分御靈《わけみたま》である神人《かみびと》でありし、この身共にお救い頂《いただ》きとう願い奉《たてまつ》ります。大神様のまにまにひれ伏《ふ》し、この身すべてを改心いたし、まったき務《つと》めあい果たすことに、お導《みちび》き願い奉《たてまつ》ります。

　これ、神である御魂《みたま》として申す。改心出来ておらん神、まだまだありますのじゃ。元津《もとつ》神々様、皆《みな》お出になられておられますのじゃから、禍事《まがごと》みな分かりみな改心せねばならん時でありますゆえ、この身も真《まこと》改心いたし申し上げます。うれしうれしの世とは、改心いたし綺麗《きれい》さっぱりと、皆が◎《フジ》晴れる世でありますのじゃ。大神様のお仕組みに感謝《かんしゃ》申し上げます。この神人《かみひと》、皆の改心のお役を担《にな》う者でありますのじゃ。人間と申せ、神人《かみびと》となりてのお役目でありますゆえ、皆々《みなみな》この御魂《みたま》に申して下され。

　大神様の御計《おんはか》らいにて、皆お救いなさると申しておられますゆえ、真《まこと》ここに来て下され。これこの神が思い、皆に申し上げておりますのじゃ。どうしてもこのこと分からぬ神々様、此度《こたび》は末代《まつだい》のこと、無きようなられますゆえ申し上げますぞ。しかし、人民にはなおさらのことゆえ、皆々靈人殿《れいじんどの》にも一日も早く改心いたし、人民殿お導《みちび》き下されと切に願い申し上げます。これ、今改心いたして分かり申したことでありますのじゃ。改心いたせば何でも分かるようにいたすと申しておられました大神様のお言葉、真《まこと》ぞ。

我《われ》、皆うるしに生まれぬこいにされてあられました、みつくもりの神であります。この度《たび》、恥《はじ》を忍《しの》んで罪滅《つみほろ》ぼしの役かって出させて頂きとう願います。これ身ずっと改心出来ぬままに、悪《あく》の役ともなれぬままこれまで来ておりましたなれど、皆の神の働きに羨《うらや》んでおりました。これにて、この方《ほう》に縁《えん》のあります靈人殿《れいじんどの》にこの意映《うつ》りて、みな他《た》を羨《うらや》み妬《ねた》みの意を膨《ふく》らませ、世の乱《みだ》れを現《うつ》しておりました。それにて人民同士の戦《いくさ》に終わりなきまま、これまで来た次第《しだい》であります。これら皆、この方《ほう》の仕組みにあり、靈人殿、人民殿に苦をもたらし続けておりました。諸々《もろもろ》の禍事罪穢《まがごとつみけが》れ過《あやま》ちに対し、深くお詫《わ》び申し上げます。

これ、身曇《みくも》りの神であります。改心いたし、みつくのはなのさく御神《おんかみ》となられましたのぞ。

これより、天《あめ》の日月《ひつき》の神、記《しる》す。

皆々改心結構《けっこう》結構。みな大切な御身《おんみ》魂《たま》らばかりであるから、この方《ほう》尋《たず》ねてござれ。みな可愛《かわ》い可愛《かわ》い御魂《みたま》らばかりであるから、皆々これまでのことすっくり綺麗《きれい》さっぱりなされて、新しお役頂いて、末代《まつだい》うれしうれしの世に生きて下されよ。皆々うれしうれしとなること、この神の願いでありますのじゃぞ。皆々大事なお役ありますぞ。そのことよく御胸《みむね》に尋《たず》ねて下されよ。人民みなお救いいたしたいなれど、まず靈人殿お救いいたさねばならんから、この神人《かみひと》遣《つこ》うて、そなたらにも申しておるのじゃから、三千《さんぜん》世界《せかい》に申しておるのじゃから、皆々よく聞いて下されよ。この方《ほう》、みな生みたもうた神であるのじゃぞ。皆々可愛《かわ》い可愛《かわ》いから申すのじゃぞ。神に罰《ばつ》はないのであるなれど、皆それぞれ自ら招《まね》いておること、早《はよ》うお気づき下されよ。何ゆえにそうなりておるのかは、元《もと》があるゆえじゃ。元分からぬのは身魂《みたま》磨《みが》けておらぬからだけではないのじゃぞ。靈団《かみ》改心出来ておらぬから、靈人《れい》改心出来ておらぬから、人民苦しむことあるのじゃぞ。人民みな靈人殿の変わりたお姿《すがた》でもありますのじゃ。そなたらが改心すれば、人民みなうれしうれしと、苦のない世に生きられますのじゃぞ。靈人殿改心出来ぬのは、神々殿みな改心いたせば、すっくりそのまま靈人殿改心出来ることでもありますのじゃぞ。その道理分かっておろうがな。

みつくもりの神殿、この度《たび》の改心結構でありましたぞ。あっぱれであるぞ。皆々元《もと》津《つ》からの神々様、お喜びでありますぞ。人民みなこの神様、大事になさって下されよ。美月花咲御神様《みつくのはなのさくおんかみさま》といたし、靈人殿、人民殿、結構にまつろうて下されよ。改心さすこと出来るお役の貴《とうと》い神様でありますのじゃぞ。

これ、「せ」の巻《まき》。いつまでも苦しまぬよう、皆々声挙《あ》げて読まれよ。改心出来る者増《ふ》えますぞ。めでためでたの世となりにけり。天晴《あっぱ》れ天晴れ、天晴れ世のうれしうれしに変わりましたぞ。

二〇〇六年六月三十日　天《あめ》の日月《ひつき》の神　うれしうれしでありますぞ。

「そ」の巻

これより皆《みな》うれしうれしの巻《まき》。それ皆うれしうれしとなりにけり。皆々《みなみな》うれしうれしの世となりにけり。何もかもが皆うれしうれし何としたことかと、泣いて笑う世と開《あ》けにけり。皆々改心結構《けっこう》。元《もと》からの因縁《いんねん》みなすっくり綺麗《きれい》さっぱり掃除洗濯《そうじせんたく》いたして、新し仕組みにお働き下さいませ。神、人、共にとは、神人《かみひと》となりて、この世創《つく》り変えることでありますぞ。在《あ》るものみな変えてゆくのでありますのじゃぞ。これ、ミロクの仕組み。次から次へと顕《あらわ》れて皆々うれしうれしで繋《つな》がり、これからの世を創り変えるのでありますぞ。まだまだ改心出来ん者あるが、そのうち改心いたし、新しお役欲《ほ》しくてこの方《ほう》の元へ参られること分かりておるが、みな改心いたすこの方《ほう》の仕組み、嫌《いや》が応《おう》にも参りましたと言わせますぞ。皆々可愛《かわい》いこの方《ほう》の子じゃから、人民ばかりでないのじゃぞ。草木、虫けら、獣《けもの》、魔物《まもの》、皆々じゃ。この地の神様、お喜びでありますのじゃ。足場となりて下されよ。

健仁《たけひと》、お役このままなされよ。我《が》どこまでも捨《す》てて、神人《かみびと》となりて下されよ。皆々分かるように、神人《かみびと》となりてお働き下されよ。分かる者引き寄《よ》せておること、これで分かりたであろうがな。何の心配せずに神の容《い》れ物となりてお働き下されよ。新し世いよいよぞ。神人《かみひと》次々に現《あらわ》れるぞ。真《まこと》の神の世、皆の者に見せるから、神靈人《かみひと》となりて下されよ。人、神の容《い》れ物ぞ。神は喜びぞ。働きぞ。真《まこと》ぞ。悪《あく》、悪ではないのじゃぞ。真《まこと》の悪、善《ぜん》の働きと同じじゃ。表裏一体《おもてうらいったい》であると申しておろうがな。皆々これまでの人民の因縁《いんねん》現《あらわ》れておるのじゃから、それだけの改心みななされよ。この神、いよいよ激《はげ》しくなるぞ。うれしうれしと顕《あらわ》れますぞ。

うれしうれしうれしうれしうれしうれしうれしうれしうれしうれしうれし。

十二の御魂《みたま》、裏《うら》合わせ二十四あるのじゃぞ。みな一つとなりて、うるうであるぞ。

元津神《もとつかみ》、えみためえみため。戦《いくさ》、みな悪憎《あくにく》んで来たそなたらの顕れであるぞ。分かりたか。戦《いくさ》、そなたの心そのものであるのじゃぞ。皆々顕れて来ると申しておろうがな。靈主体従《れいしゅたいじゅう》、皆それで巧《うま》く出来ておるのじゃ。神、仕組みておること。人民みな改心いたすとは、知ることであり、すっくり今までの教え捨てることであるのじゃぞ。捨てられんのはマコト改心出来ておらん証拠《しょうこ》であるから、己《おのれ》が己を苦しめる仕組みであるのじゃから、どこへ逃《に》げても逃げられんとはこのことぞ。あっぱれあっぱれうれしたのしありがたくてこわい大神の仕組みじゃ。この方摑《ほうつか》むには摑むだけのお働き覚悟《かくご》せいよ。これ、艮金神《うしとらのこんじん》現《あらわ》れ伝えるから嘘《うそ》はつけんのであるぞ。みな改心さして大神様にお見せいたすお役であるから、皆この方《ほう》にまつろうて下されよ。何でも教えてやるぞ。それだけの身魂《みたま》となりて下されよ。

学そろそろ天地《てんち》あべこべとなって、分からぬものとなるから覚悟いたせ。神の学、神の御元《みもと》に委《ゆだ》ねれば流れて来るのじゃぞ。これみな己の御魂次第《みたましだい》であるのじゃ。捨てれば摑めるとはこのことぞ。捨てられんお偉《えら》いさん多いのう。髪《かみ》の毛一本も造《つく》れん学、そなたらの学の力それだけじゃ。分かりたか。この方《ほう》、この世産《う》みたもうた元の元の神々でありますのじゃぞ。この御魂《みたま》、我《われ》神々に遣《つか》われ生きておる神人《かみびと》でありますのじゃ。何ゆえにこの方遣《ほうつこ》うて見せておるか、まだ分からぬか。この御魂《みたま》うれしうれしと生きておること、何よりの証拠でありますぞ。金《かね》も要《い》らぬ世創《つく》りて、皆でうれしうれしと分け合って、好きなことそれぞれいたして暮《く》らせる世、皆で創りて、うれしうれしと祭りいたして下されよ。神々殿《どの》、祭り喜ぶぞ。神々殿、祭りして頂《いただ》きたくてうずうずぞ。人と共に神々は、うれしたのしと祭りいたしたいのでありますのじゃぞ。世界中で祭り結構結構。うれしやうれし歌い踊《おど》り日々《ひび》暮らせるみろくの世となりにけり。あっぱれ神人《かみひと》生きる世となりにけり。唄《うた》えよ、踊《おど》れよ、神まつろえよ。

何もかもみな欲《ほ》しい物欲しいだけ頂ける、またとない世となるのじゃから、それ相《そう》応《おう》の御魂《みたま》となりて、新し世に入られて下されよ。皆々見え透《す》くのじゃぞ。嘘《うそ》つけぬのじゃぞ。未来《みらい》も過去《かこ》も現在《げんざい》もみな分かるのじゃぞ。悪《わる》さ出来ぬ、悪《あく》暮らせぬ世となるとはそのことぞ。丸裸《まるはだか》じゃぞ。透明《とうめい》にしてしまうから、掃除《そうじ》しておかねば汚《よご》れはっきり皆に見られるから、掃除洗濯《せんたく》出来ておらぬ人民、恥《はずか》しい思いせねばならんのじゃぞ。分かりたか。金も要《い》らぬ真《まこと》の神の世となり、人民奪《うば》い合うことも要《い》らなくなるから、欲張《よくば》りさん、鼻高《はなたか》さん、嘘《うそ》つきさん、みな改心なさって、真《まこと》の仕事、喜び事に生きて下されよ。神、皆々様変わりて、移《うつ》りて神人《かみびと》となりて、手柄《てがら》立てさすから待っておるのじゃぞ。いよいよ始まっておるのじゃぞ。滅多《めった》にないうれしうれしのお仕組みでありますのじゃから、日々《ひび》手合わせ、謝《あやま》るところからはじめて下されよ。謝らんでも良い人民一人もおらんのであるから、天に地に生き物に謝りて下されよ。

これ、「そ」の巻《まき》。神、皆に唄うぞ。うるうるう。その王にあるすーぅ王ぞ。

二〇〇六年七月六日　天《あめ》の日月《ひつき》の神　ウシトラの金神《こんじん》

「た」の巻

あなさやけあなすがすがし。

これ皆《みな》、うたうたう御《おん》神々様のお働きなさっておられます、その時々のお姿《すがた》でもありますのじゃ。御魂相応《みたまそうおう》に受け取れる言靈《ことたま》でありますのじゃから、皆々《みなみな》改心なさればなさるほど、うれしうれしと受け取り方変わりますのじゃぞ。皆この方《ほう》の顕《あらわ》れであるから、どれ摑《つか》んでもこの方《ほう》にまつろうこと出来るなれど、まつろいやすいところありますのじゃ。何事もうれしうれしと変わること出来るなれど、人民改心出来ておらんと苦しい思いせねばならんから、神なるべく楽にいたしてやりたいから、くどう申しておるのじゃぞ。苦しむには苦しむだけの原因《げんいん》ありますぞ。おのれ不幸と思うには思う理《ことわり》ありますのじゃ。この世みなそのままに映《うつ》るのじゃから、うれしうれしと映り下されよ。

皆々この方《ほう》の御魂《みたま》授《さず》けてあるのじゃから、要《い》らんもの何一つ無いのじゃから、皆々ありがたく仲良ういたされよ。仲良う出来んのは己磨《おのれみが》けておらん証拠《しょうこ》じゃ。因縁《めぐり》まだまだあるから苦しむのじゃ。この世みな同じこと。泥《どろ》には泥に暮《く》らす喜びあるのじゃ。空には空に暮らす道理あるのじゃ。人には人として生まれる訳《わけ》がありますのじゃぞ。そなたらは、みな大事なお役目担《にな》い、この世へ生まれておるのじゃ。何ゆえ生まれて来たか分からんか。そなたらが生まれたくて生まれて来たのじゃ。生まれたくないもの生まれん仕組み。皆々そなたらが選んでおるのじゃぞ。取り違《ちが》いいたしておる方おられるぞ。生まれて来たのは、苦しみではないのじゃぞ。その時代は、とうに過《す》ぎておるのじゃから、皆うれしうれしのお役に目覚《めざ》めて下されよ。

天地ひっくり返るとは、人間界もみな上下《うえした》ひっくり返るのじゃぞ。うれしうれしと生きる人民みな光り輝《かがや》くのじゃから、苦しむ人民みなはいずり廻《まわ》らなならんから、学と金《かね》に囚《とら》われて下さるなよ。学と金の世は、もう済《す》みておるのじゃから、皆のために生きよ。皆のために己《おのれ》無くせよと申しておること、お分かり下されよ。地の大神様にひれ伏《ふ》して日々《ひび》お謝《あやま》りなされよ。生き物みなみな感謝《かんしゃ》いたし、うれしうれしの生き方なさりて下されよ。そのこと分かれば、次の世に既《すで》に生きておられますのじゃぞ。何事も心配無くなるのじゃ。仲良う手引き合って、皆々昔からのあっぱれうれしうれしのご縁《えん》のある者同士引き寄《よ》せて、次の世の礎《いしずえ》作らせておるのじゃから、真吉事《まことよごと》摑《つか》まれてこの方《ほう》にまつろうて下されよ。その日その日から神々様息吹《いぶ》きて、あれ何としたことかとびっくりうれしうれしでありますのじゃから、手合わせて、善《ぜん》と悪《あく》と、みぎりとひだりと、皆々一つとなされ、うれしうれしとなりて下されよ。分かりたか。

悪《あく》、アク、開《あ》く、明《あ》く、あくとは、己の身魂掃除《みたまそうじ》いたして下さる大事なお役目でありますのじゃ。悪に感謝いたされよ。悪に手合わされよ。悪、お役目貴《とうと》べよ。悪、喜ぶぞ。悪、喜んで改心いたし、新しお役目と変わられますのじゃぞ。悪、憎《にく》むそなたは、まだまだ改心足らんぞ。うれしうれしとよう笑《わろ》うて下されよ。悪、現《あらわ》れてもの申すから、感謝いたされよ。どこまでも感謝いたされよ。悪もそのうち唄《うた》うぞ。笑うぞ。共にうれしうれしと唄い、踊《おど》り、祭じゃ、祭じゃ。楽しくて嬉《うれ》しい世の祭りの仕方。人民改心とは、そのことでありますのじゃぞ。

二〇〇六年七月十二日　天《あめ》の日月《ひつき》の神

「ち」の巻

これより、皆々《みなみな》改心いたし世の礎《いしずえ》と成りなりて、現世《うつしよ》の時となりますから、皆々覚《かく》悟《ご》良いか。それ、これにありまする、石の文《ふみ》もの言う時なりたのでありますから、皆ビックリいたすのも分かりておりたことであるが、これよりもっとビックリいたすお仕組み出ておりますから、皆々腰抜《こしぬ》かさんよういたし下されよ。これ、いのみのしの咲《さ》く悲願《ひがん》の花であるから、皆々うれし泣きいたしますのじゃぞ。

一番に氣《き》、二番に志《こころざし》、心ある者から順《じゅん》とって顕《あらわ》すのじゃから、首長《なづ》うして待っておりて下されよ。皆それぞれにちゃんと決めてあるのじゃから、不足申すと御魂蔭映《みたまかげうつ》すから、気つけおくぞ。それぞれの役割《やくわり》、元《もと》より決められておるのじゃが、それぞれみな他《ほか》の良き方《ほう》ばかり見てきておりて欲《よく》出すから、この世の映《うつ》しとなりたのじゃ。神《かみ》世《よ》にて、そのような過去《かこ》の学びはもう結構《けっこう》じゃから、みな不足申さずうれしうれしとお役に生きて下されよ。

神々様みな人民にお現《うつ》りに成りなりて仕事いたしますのじゃから、どれが良いとか悪いとか、もう言われんのじゃから、皆々改心いたした分御靈《わけみたま》であるから、うれし泣きいたして下されよ。皆々神の容《い》れ物となる時であるから、いよいよとなりましたぞ。磨《みが》けたもの既《すで》に神、人、共に生きてお現《あらわ》れになりて、うれしうれしとなりておりますのじゃから、そなたらもみな変わりて下されよ。変わるだけの素直《すなお》結構じゃぞ。何もかも皆すっくり変えられる御魂《みたま》、赤子心《あかごごころ》うれしうれしじゃな。神も皆々人と繫《つな》がりて、共にうれしうれしじゃな。日々夜々《ひびよよ》、神と語れ、己《おのれ》と語れ。何でも分かるようなりておるのじゃから、何でも伺《うかが》い下されよ。己、神人《かみひと》となるのじゃから、それくらいの辛《しん》抱《ぼう》、辛抱とは申されんのじゃぞ。

皆々そちらへふらりこちらへふらり、改心せん限《かぎ》りどこへ行ってもいくら拝《おが》んでも何にも変われんぞ。己《おのれ》、お謝《あやま》りになりて皆々様に御礼《おんれい》申して、どこまでも頭下げて下されよ。水の流れは低きへと流れるのじゃぞ。お偉《えら》いさん、みな枯《か》れて喉渇《のどかわ》いて頭下げて水分けて下されと、手つかねば水飲めんようになりておるのじゃから、早《はよ》う頭下げてどこまでも感謝《かんしゃ》いたし水飲んで下されよ。低きに流れる貴《とうと》いお水に、うれし泣きいたす時であるから、皆々早《はよ》う水飲みたいだけ飲んで下されよ。これみな人民心《こころ》入れ替《か》えて、地、そなたらに任《まか》せるお仕組みじゃから、長い長いお勉強でありたのじゃから、いよいよ、その祝いの儀《ぎ》となりて来ておるのじゃぞ。早《はよ》う笑い泣いて下されよ。泣くことできる日、その日であるのじゃ。

うれしうれしうれし、みなみなうれしうれしうれしうれしじゃ。

天《あめ》の日月《ひつき》の神、うれしうれしうれしじゃ。

二〇〇六年八月一日　天《あめ》の日月《ひつき》の神

「つ」の巻

うれしたのしと生まれ生きること、神々様お喜びでありますのじゃぞ。皆々《みなみな》うれしたのしと早《はよ》う改心結構《けっこう》でありますぞ。改心とは、うれしたのしと感謝《かんしゃ》いたし、神々様と共に仕事に生きることでありますぞ。仕事とは、皆のために己《おのれ》を生かすことでありますぞ。皆のため命を捧《ささ》げ、共に生きることでございますぞ。己のためだけの仕事ではないのじゃ。皆のための仕事でありますぞ。神の容《い》れ物となりて、みな仕事吉事《よごと》いたして下されよ。よごととは、喜びごとでありますのじゃぞ。うれしたのしと物頂《いただ》けよ。要《い》るだけ頂けるようになって来るぞ。皆々欲《ほ》しいだけ頂けるようになっておるのじゃから、頂いた分みなに感謝し皆のために働けよ。

頂くには、頂ける身魂《みたま》となりて下されよ。皆に頂くのじゃから、皆に感謝いたさならんのであるのじゃぞ。自《おの》ずと頭下げて生きる、うれしうれしと喜び溢《あふ》れる人となりて下されよ。地にひれ伏《ふ》し神々様にも感謝いたして、何もかも皆々すべてお祀《まつ》りいたして下されよ。お祀《まつ》りとは、神々様への感謝の思いをおのおのに唄《うた》い踊《おど》り、うれしたのしと集まって皆でお喜び頂くことでありますのじゃぞ。神々様と共に、今までの一切《いっさい》を感謝しながら唄い踊りうれしうれしとお喜び下されよ。祭り結構結構。この国は祭りで成り立っておるのじゃから、元《もと》へ戻《もど》すとはそのことでもあるのじゃぞ。皆々神憑《かか》れるようになりて下されよ。神は、直接には憑《かか》れんなれど、皆に分かるように申してておるのじゃぞ。靈人《れいじん》様方、皆々改心なされねば、お取次《とりつ》ぎ出来ぬと申しておること、これで分かるであろうがな。神、人、共にとは、神靈人《かみひと》共にであるのじゃから、間に靈《れい》あること分かりて下されよ。人は、靈人様方拝《おが》んで下されよ。ご守護《しゅご》下さる守護靈様方に、日々《ひび》感謝いたして下されよ。神、お願いいたすぞ。

うれしたのしじゃ。苦、楽しむこと止《や》めて下されよ。楽、愉《たの》しむ人民、真《まこと》ぞ。うれしたのしで大峠《おおとうげ》越《こ》せますのじゃから、皆に早《はよ》う知らしてやれよ。感謝感謝感謝、どこまでも感謝いたされよ。感謝いたすには、感謝させて頂ける喜び頂くのじゃから、その分、なおいっそう感謝いたさねばならんのう。皆々うれしたのしとなりてゆくのじゃから、またまた感謝いたさねばならんのじゃ。どこまでもうれしたのしじゃから、どこまでも感謝しっぱなしの世となるのじゃ。頭下げる練習、皆々いたさねばならんのう。あっぱれあっぱれじゃなあ。

これみな艮金神殿《うしとらのこんじんどの》申しておるのじゃぞ。大層《たいそう》ご苦労な御《おん》神様であるから、皆々厚《あつ》く御礼《おんれい》申し下されよ。この世の移《うつ》り変わりのご面倒《めんどう》をなされておられる大事な大神様じゃ。これも皆々特別に、この者遣《つこ》うて知らしておるのじゃから、無いことが有る世となって来ておるのじゃから、人民には見当とれんのも無理ないなれど、素直《すなお》に額《ひたい》の目で読んで下されよ。心の目で読み上げて下されよ。靈人殿《れいじんどの》、よく読んで下され。この文《ふみ》分かる靈人、人民でなければ、これからのお役出来ぬようになりておるのじゃから、そなた己《おのれ》を審神《さにわ》いたし下されよ。魔物《まもの》も改心いたさせておるのじゃ。何もかもみな改心いたさせ、お役に遣《つか》うお仕組みじゃぞ。改心出来た者から、どんどんうれしたのしのお役にお遣《つか》いなされますぞ。そのうち次々と分かるなれど、早《はよ》う改心なされねば末代《まつだい》お引き上げなされんようになりますから、気つけて下されよ。

そなたよくこの文《ふみ》読んで下されよ。因縁《いんねん》ある者ここに引き寄《よ》せて読ませておるのじゃから、そなた改心いたさねば、この次はもう生まれ変われんようになるのじゃぞ。よく読んで改心いたされよ。これは真《まこと》であるから、よく読んで審神《さにわ》いたして噛《か》み砕《くだ》いて身《み》となされよ。艮金神《うしとらのこんじん》お顕《あらわ》れになりた世になること、昔よりお伝え申して来たが、いよいよその時じゃ。艮金神殿《うしとらのこんじんどの》、人に現《うつ》りて靈界《れいかい》も人民界もよくご覧《らん》になりてサニワなされておられるから、嘘《うそ》はつかれんのじゃから、疑《うたが》う人民そなたもみな改心いたさすぞ。人民の知恵《ちえ》で分かる神ではないのじゃから、邪神《じゃしん》と申す靈人、人民殿たくさんおるなれど、己《おのれ》が邪靈《じゃれい》となりておること、自ら申しておるのと同じことであるから、皆の前で恥《はずか》し思いせねばならんこと分かりておるから申すのぞ。

これから分からす仕組み、覚悟《かくご》は良いか。世は、いよいよとなりてきておるのじゃから、嘘《うそ》申されんのじゃから、仏心《ほとけごころ》で救うには手遅《ておく》れとなりておること分かるであろうがな。無くなる御魂《みたま》たくさんあるなれど、無くなるには無くなるだけの因果《いんが》あること、みな分かりて下されよ。すべて己ぞ。皆々因果であるのじゃぞ。嘘《うそ》つく者ついただけの因果巡《めぐ》りて来るのじゃから、この御魂承知《みたましょうち》の上のこと。ゆえに嘘《うそ》で申されんこと分かるであろうに。動物の容《い》れ物となりておる者、魔物《まもの》の容《い》れ物となりておる者、未成仏《みじょうぶつ》の容《い》れ物となりておる者、皆々可愛《かわい》いなれど、いつまでも改心なされねば、人民共々これで無きよういたすお仕組みざから、覚悟いたし下されよ。

苦しむ心好む者、神の世には要《い》らぬから、苦しみの世へと移すから申すぞ。これみな秘密《ひみつ》にしておりたことなれど、時来たから申すのじゃ。改心出来ぬ者、別の星へと死に変わり末代《まつだい》勉強いたさすぞ。何度も生まれ変わり学べばよいぞ。この地は、神の世となりたのじゃから、うれしたのし感謝感謝の御魂《みたま》のみしか住めんようになりて来ておるのじゃぞ。何もかもみな変わるのぞ。神々様お現《うつ》りなさりて、この者遣《つこ》うて知らしておるから、みなみな素直《すなお》にお聞き下されよ。これから表《おもて》に出て説いて聞かすから、縁《えん》ある者尋《たず》ねておざれ。無理に引《ひ》っ張《ぱ》ってくれるなよ。無理に引っ張れば、引っ張った者に因縁《めぐり》来るぞ。縁ある者でよいぞ。自《おの》ずと縁ある者引き寄せておるのじゃから、自ずと分かるようにいたし、喜んでお集まり下さるから、皆々楽しみにいたし下されよ。

この神示《しんじ》、誰《だれ》のものということ無いのじゃから、読みたい者に読ませてやれよ。金儲《かねもう》けしてはならんぞ。要《い》るだけの金使《つこ》うて皆に分けて下されよ。金儲け多いのう。金儲《かねもう》け神《がみ》の容《い》れ物となりておる者たくさんおるから、改心なされよ。世は、金で潰《つぶ》すのじゃぞ。自ずと潰れる道理じゃ。うれしたのしの世は、金の無いうれしたのしのお仕組み映《うつ》した世じゃ。どんな世か、皆で話しおうて下されよ。自ずと分かるようになりておるぞ。あっぱれあっぱれうれしたのしの世映《ようつ》しが始まるぞ。うれしうれしじゃなあ。草木、虫けら、獣《けもの》、皆々うれしたのし、神の世に泣いて喜ぶ世映すのじゃ。人民、神靈人《かみひと》、共に創《つく》りて下されよ。そなたらが映すのじゃぞ。皆々改心改心。そしてうれしうれしうれしうれしうれしあっぱれあっぱれ神世《かみよ》じゃ。

神人唄《かみひとうた》う、あーわーやーらーわーやー、じゃ。

二〇〇六年八月十四日　天《あめ》の日月《ひつき》の神　艮金神《うしとらのこんじん》

「て」の巻

これからのこと、皆々《みなみな》善《よ》きよう相談いたし下されよ。我《われ》さえ良けりゃ良いと申す人民、そなたは共食《ともぐ》いなさることとなるぞ。それぞれ御魂相応《みたまそうおう》に成りなるのじゃから、何もかも己《おのれ》の望み通りであるのじゃぞ。分かりたか。これみな神がいたさすのではないのじゃぞ。人民自《おの》ずと望んでなるのじゃぞ。それぞれの御魂《みたま》よく見分けて下されよ。己、おのれ、オノレじゃ。一人ではないのじゃぞ。それぞれみな靈人殿《れいじんどの》付いておられるのじゃ。それに因縁《いんねん》ある者たちがそなたを借り動かしてもおるのじゃ。その者たちの言葉がそなたの口を借りて表《おもて》に出て参るのじゃから、己の言葉と同様に思うのじゃぞ。それも皆、己が蒔《ま》いた種が高《こう》じておるのじゃから、文句《もんく》は言えんのじゃぞ。それぞれの因縁、皆々良き方《ほう》へと改心させねば、なお悪くなる人おるから気つけ申してきたなれど、いよいよ時節《とき》も変わりたから、覚悟《かくご》は良いな。それぞれの御魂《みたま》通りとなるから楽しみにいたして下されよ。皆々うれしうれしとはこのことぞ。あっぱれあっぱれじゃ。

己のことばかり考えておる者、他《た》に見放され生きねばならんようになり、人が人を殺し食う時訪《おとず》れるのじゃから、よほど覚悟せねば己を立ててゆけんようになるぞ。いよいよ皆々改心さして、艮金神《うしとらのこんじん》世にお顕《あらわ》れとなりご活動じゃ。この者遣《つこ》うて申したこと、いよいよそなたらにも分かるようにお見せいたしますぞ。これ、艮金神《うしとらのこんじん》、愛することの意味を知らせておるのじゃぞ。このこと分かりたなれば、次の世の礎《いしずえ》、みな創《つく》る者となるのじゃから、勤《いそ》しんで苦《く》の花咲《さ》かせて下されよ。信じておりた者、このこと分かる時が来たぞ。これ、あいうえおである。文《ふみ》、古《いにしえ》より伝えておりた秘文《ひふみ》、これに預《あず》けておるのじゃから、分からぬ者いざ尋《たず》ねて参れ。それぞれに言い聞かすから、もの申さず心で申して下されよ。この方《ほう》、何もかもみな救う神であるぞ。人間救うだけではないのじゃから、早合点《はやがてん》するでないぞ。草木、虫けら、みなみな我《わ》が子じゃから、人間よりも可愛《かわい》いのじゃから、大事にせねばならんこと、分かりてきておろうがな。それぞれみな改心なさられた分だけうれしうれしとなるのじゃから、改心なさった分解《わか》るようにもなるのじゃから、綺麗《きれい》にもの良く見えるであろうに。何よりもみな改心されて、うれしうれしは神々様じゃぞ。それぞれのお役なされて来て、皆の者うれしうれしとなることお待ちかねじゃ。

あっぱれ手柄《てがら》立てさすとは、それぞれに世立て替《か》えいたさすこと手伝いであるから、良きように廻《めぐ》らさねばならんぞ。廻らさねばならんとは、心の歌唄《うた》うことであり、唄うこと繋《つな》がることであり、喜びを繋ぎ、命を繋ぐことぞ。そなたらを初めに、新たな時代を生み創《つく》らねばならんということぞ。皆々うれしうれしと暮《く》らせる真《まこと》の神世《かみよ》は、金《かね》も戦《いくさ》も苦《く》もない世じゃ。皆それぞれの意味を知った者だけが生きるがゆえに、そのような世が成されて来るのじゃ。それ以外は、別の星へと移動《いどう》じゃ。それだけのことであるぞ。その別の星とは、今までのように、戦、金に争う苦痛《くつう》の学びとなるゆえ、それぞれ御魂《みたま》のままにと申してあること分かるであろうに。それぞれの御魂《みたま》に応《おう》じて住む世界が変わるとはこのことでもあるのじゃ。これは皆この地出来た時から決まっておりた約束ごとであるから、分かる者少ないなれど、神々様でも中途《ちゅうと》からは分からん方多くおられますのじゃぞ。

では、いつからそうなるかは、それぞれの御魂《みたま》に応じて既《すで》に始まっておるのじゃ。言わずと分かる者、既に変わり神靈人《かみひと》共にあるからうれしうれしであるが、それ以外は、これからそうなる者、変われぬままに迎《むか》える者、何も知らん存《ぞん》ぜぬで迎える者、それぞれ皆々良きように変わってゆくのじゃ。皆々それぞれの世界へと変わり暮らすのじゃぞ。同じ仲間分かるようになっておるのじゃから、手繋《つな》いで仲良ういたされよ。神みなに付いて教えておるがゆえ、分からんことは神々様にお尋ねなされよ。皆が困《こま》らんようにそれぞれの行《ゆ》き先申さすから、いくらでもお尋ねなされ。

魔物《まもの》改心いたし、この世の〇《カミ》となられてもあるのじゃぞ。みな改心いたして、一人ひとり人神《ひとがみ》となりておるのじゃから、己拝《おのれおが》まねばならんぞ。己みなのために働かねばならんのじゃぞ。それが神世《かみよ》じゃ。これで、文《ふみ》出すこと終わらねばならん。それがこの仕組みでもあるのじゃが、この神変わるゆえ申すぞ。

二〇〇六年九月六日　天《あめ》の日月《ひつき》の神　艮金神《うしとらのこんじん》　変わる。

「と」の巻

これ、艮金神顕《うしとらのこんじんあらわ》るる時になりませる、うゐのおくやまけふこえてあさきゆめみしゑひもせすん。これにある御霊《みたま》は愛するゆえに殺されたもの達である。それに対し御《み》霊《たま》に供養《くよう》いたすは、その方《ほう》の使命でありますのぞ。それぞれにうれしうれしの道問うてゆかねばならんゆえ、この方引《ほうひ》っ込《こ》んでおるから分かり下されよ。その方《ほう》らもみな同じこと、皆々《みなみな》、地《ち》の神々となりて仕事いたし下されれ。皆それぞれに神々様お付けになられての良き時代じゃから、皆それ相応《そうおう》に仕事いたし、世の立て替《か》え出来る時、与《あた》えられておるのじゃぞ。改心出来た者、次はお役目にお仕事うれしうれしといたしなされ。いかがなものかと申す者、まだ改心出来ておらぬのじゃから己《おのれ》の仕事が見えんなれど、改心出来れば自《おの》ずと己《おのれ》が何者であるか分かりて来て、何すれば良いかも分かりて、皆々様のためにうれしうれしと生きられるのであるぞ。それぞれみな自分で審神《さにわ》出来ようものなれど、我《が》強ければいつまで経《た》っても堂々巡《めぐ》りご苦労じゃから、己が好んでしているのと同じことぞ。よく分かるであろうが。

この御魂《みたま》、縁《えん》ある者たちすべて引き寄《よ》せておるから、うれしうれしとお役目ご苦労楽しんでおるなれど、皆々次々とお喜び下されよ。吉事《よごと》、次の世の仕事じゃ。仕事無い者、喜び無いのと同じじゃから、皆々吉事《よごと》分かるようお導《みちび》き頂《いただ》いておるのじゃから、守護霊殿《しゅごれいどの》にお伺《うかが》いなさり、日々《ひび》感謝《かんしゃ》いたされよ。耳に、目に、心でお伺いなされよ。分からんのは分かろうとせんからであるのじゃぞ。分からんから、靈も神もおらんと申すは、我《が》の凝《こ》り固まった状態《じょうたい》であること知らねばならんぞ。

艮金神《うしとらのこんじん》とは、素盞鳴大御神《すさなるのおおみかみ》様のお移《うつ》り変わりでありますのじゃぞ。皆のために罪《つみ》被《かぶ》り、地となりてこの世お見守り下さっておられます、尊《とうと》き御《おん》神様でございますぞ。大御心《おおみこころ》そのままにお映《うつ》りなさり、お顕《あらわ》れになられておりますす神々様、みな大神様の神《み》子《こ》でございますぞ。

神とは、そなたらの御魂《みたま》、生命育《いのちはぐく》んできた天地《あめつち》でありますのじゃ。すべてが大神様であり、大神様の中に神々様おられ、その中にそなたら靈人《れいじん》おるのじゃから、改心なさったら順忘《わす》れず、そなたらの肉体大事になされよ。肉体は、地の大神様の肉体預《あず》けておる容《い》れ物。そなたらの物ではないのじゃから、このこと忘れてはならんから、大事になされよ。皆々地の大神様から容《い》れ物お借りして、学ばせて頂いておるのじゃから、肉体貴《とうと》ばねばならんのじゃぞ。これで分かりたか。いよいよとなって来たから、分かりやすう説いて聞かしておるのじゃぞ。これでも分からん人民、それはそれで次の世は要《い》らんから、他《た》の星にお移《うつ》しじゃ。御魂《みたま》その地へ移って、また繰《く》り返し学ばせて、死に変わりさして、練《ね》り上げねばならんから、神も難儀《なんぎ》じゃぞ。早《はよ》う神靈人《かみひと》となりて地の神となりて下されよ。

例えで申さんぞ。これそのままに申して聞かしておるから、信じん者要《い》らんのじゃぞ。神はそなたらの便利屋ではないのじゃから、勘違《かんちが》いいたすでないぞ。そなたらの機嫌《きげん》取りが神ではないのじゃぞ。病《やまい》治《なお》しも同じこと。真《まこと》の神は、みな学ばせるために生かしておるのじゃから、皆々喜びであるのじゃから、差別も無いのじゃぞ。金持《かねも》ちにも貧乏《びんぼう》にもさすぞ。かたわにも五体満足にもさすぞ。みな学ばせておるのじゃ。生まれ変わりそれぞれみな学ばせておるのじゃから、神はおらん、神は差別ばかりじゃ、神は何もしてくれんと、そなたは神が何者か分かりておらぬ証拠《しょうこ》、己《おのれ》で口にしておるのじゃぞ。神は生命《いのち》育《はぐく》む仕組み、仕組む存在《そんざい》であり、喜び育む存在そのものじゃ。大昔より未来まで通じて、皆々喜ばす仕組みそのものを申すのじゃ。雨も風も皆々、地《じ》震《しん》も必要であるがゆえに顕れるのじゃから、小さな生命《いのち》奪《うば》っておるのではないのじゃぞ。皆の学びのためにある仕組みそのものが神じゃ。靈人《れいじん》様でもこのこと分からぬお方、多いのう。いつまでも分からねば守護《しゅご》靈《れい》殿《どの》にも気の毒出来るから、早《はよ》う悟《さと》りて下されよ。

金《かね》の世、これまで必要であったなれど、次の世、無償《むしょう》の世じゃから、もう金、金と申してお金信仰《しんこう》されて下さるなよ。金の神様ご苦労であったぞ。真《まこと》、⦿人《かみひと》とするために必要であったから、これまでは方便にいたしておりたなれど、もう金の世潰《つぶ》すから、みな無償の世に生きる身魂《みたま》と早《はよ》うなりて下されよ。これ皆、艮金神《うしとらのこんじん》変わりて顕《あらわ》れておるのじゃから、そなたら、みな素直《すなお》にお聞き下されよ。分からぬのは、分かろうとせぬ我《が》が邪魔《じゃま》となって、そなたを苦しめておる結果であるから、素直にお聞き下さるが、喜びであるのじゃぞ。艮金神《うしとらのこんじん》、申す。

二〇〇六年九月二十六日　天《あめ》の日月《ひつき》の神　艮金神《うしとらのこんじん》

「な」の巻

これまで伝えてきたこと皆《みな》、そなたに申しておること皆々《みなみな》、嘘偽《うそいつわ》り申さんぞ。この神みな分からぬ神ゆえ、なかなか理解《りかい》し難《がた》いなれど、縁《えん》ある者には分かるよういたしておるのじゃから心配せんで良いぞ。このまま神示《しんじ》続けて下されよ。今に良く分かるから、申していたこと九分九厘《くぶくりん》顕《あらわ》れて、今になるほどなあ申した通りじゃと合点《がてん》ゆくから、素直《すなお》に映《うつ》して下されよ。

この文《ふみ》、皆々神々様もお読みぞ。しかし、靈人殿《れいじんどの》もうちっと分からんお方々おりますぞ。じゃが、皆いずれも変わるゆえ、この神にまつろうしかないゆえ、遅《おそ》い改心では何にもならんぞ。仕組み過《す》ぎたら、出来ぬもの肥《こ》やしにいたさなならんゆえ、申しておくぞ。これから皆々仲良う手引きあってご活動なさり下されよ。神々様、靈人様と成りなりてお手伝いされておるから、出来ぬことないのじゃから、何でも神事《かみごと》も出来るぞ。この方祀《ほうまつ》ろうたなれば何でも分かるぞ。何でも欲《ほ》しいもの出て来るぞ。じゃが、この神祀《まつ》るには祀《まつ》るだけの御魂《みたま》となりて下されよ。薬が毒ともなるや分からんぞ。皆それぞれの身魂磨《みたまみが》けただけであるのじゃ。生まれ赤子《あかご》のままに神心《かみごころ》映し下されよ。良く見えるぞ。聞こえるぞ。そなたらは、みな縁《えん》あって引き寄《よ》せておるのじゃから、みな改心いたして仲良う手引きおうて助け合って暮《く》らさなならんぞ。

火の起こし方、水の汲《く》み方、食べ物も皆々、それぞれどこでも生きてゆけるよう、何事起きても対処《たいしょ》出来るよういたし下されよ。都会《とかい》は、不便じゃなあ。今に都会、人消えるぞ。みな土に奉《たてまつ》ろうぞ。清水《きよみず》に喜び奉ろうぞ。これ皆、例えではないぞ。世の礎《いしずえ》となる、人と人との結び、しっかり練《ね》り直し下されよ。金《かね》はもう要《い》らんのであるぞ。要《い》る世はとうに過ぎておるのじゃから、いつまでも金にしがみついておっては、次の世では暮らせんぞ。この神、人ともなるぞ。何にでもなれるのじゃぞ。靈人殿、靈媒《れいばい》殿、皆この神分かる者おらんぞ。言靈《ことたま》、色靈《いろたま》、数靈《かずたま》、音靈《おとたま》、皆々光り輝《かがや》く宇《か》宙《み》の理《ことわり》でありますぞ。籠《かご》の中の鳥は、十理《とり》でありますぞ。十《じゅう》から十二となるぞ。十三ともなるやしれんぞ。これ皆、宇宙《かみ》の昔から変わらぬ理《ことわり》ぞ。大神の御心《みこころ》ぞ。

三次元《さんじげん》とは、そなたらが見える世界を申す世じゃ。五次元《ごじげん》まで変わる大立て替《か》えじゃから、これから始まる天変地異《てんぺんちい》、皆々尻餅《しりもち》いたして、動けなくなりますぞ。また、みな大昔にいたすゆえ、何もかも皆うれしうれしじゃなあ。これみな例えで申しておるのじゃからますます分からんのう。

己《おのれ》がどうなるか、そればかり気にしておる人民、そなたは皆のことより己のことばかり考えておるから、皆に愛されぬのじゃ。皆のために生きよ。皆のために働けよ。何もかも大事にいたせよ。皆そなたを愛すのじゃぞ。そなた、皆のために何出来るか申すが、そなた、皆のために笑うこと出来ようぞ。皆に感謝《かんしゃ》いたし、皆のお手伝いも出来ようぞ。改心いたせば何でも出来るのじゃ。皆のためにお手伝い結構《けっこう》結構。仲良う手繋《つな》いで、うれしうれしじゃなあ。良きかな良きかな。

うーるーうーるーうー。うしとら唄《うた》うぞ。
あーやーわーらーやー。うーるーうーるーうー。おーろーおーろーおー。
えみためえみため。あえいおう。ううう｜。ぬぬぬー。
二〇〇六年十月五日　天《あめ》の日月《ひつき》の神　艮金神《うしとらのこんじん》　唄う。

「に」の巻

これからがそなたらの申す、三千世界《さんぜんせかい》の礎《いしずえ》を築《きず》きあげてゆく誠《まこと》の時でありますぞ。準備《じゅんび》は既《すで》に出来ておるから、実際《じっさい》にお生み下されよ。何をどうすればよいか、自《おの》ずと守護霊殿《しゅごれいどの》に申しておるから、靈《れい》、人、共に仲良ういたし下され。では、一つ一つ申すゆえお聞き下されよ。

ひとつ、人民が何ゆえこうして揉《も》めておるのか、原因《げんいん》を知って下され。

ひとつ、みな喜び勤《いそ》しんで暮《く》らせる世のお仕組み、創《つく》りおうて下され。

ひとつ、靈、人、共に歩むこと、まず一番大事にいたし下され。

ひとつ、これからは宇宙《うちゅう》の靈人殿《れいじんどの》、人民殿とも仲良ういたし下され。

ひとつ、愛することを一番大前提《だいぜんてい》にお暮らし下されれ。

ひとつ、生みの親は地《ち》の大神様、育ての親は天《あめ》の大神様、地の大神様であること、忘《わす》れんようお暮らし下されれ。

ひとつ、艮金神《うしとらのこんじん》様、素盞嗚大神《すさなるのおおかみ》様と表裏《おもてうら》であるゆえ、同じ神として祀《まつ》ろうて下されれ。

ひとつ、みな話をせんでも互《たが》いに思うておること分かるようになるゆえ、口謹《つつし》んで心広げて下されれ。

ひとつ、みな仲良う暮らす仕組み、みなで創《つく》りおうて下されれ。

ひとつ、世の立て替《か》え、神と靈と人とでうれしうれしといたし下されれ。

ひとつ、それぞれの神祀《まつ》ること大切であるが、大日月地大神《おおひつくおおかみ》とまず祀《まつ》ろうて下されれ。

ひとつ、世のためよく働き、よく笑い、よく愛しおうて、うれしうれしとお暮らし下されれ。

ひとつ、金《かね》は要《い》らぬ世となるから、今までの教えみなすべて、掃除洗濯《そうじせんたく》いたし下され。

ひとつ、みなを愛することの意味、よく考え歩まれ下され。

これからみな生まれ変わるから、今までの教えみな一度捨《す》てて、新し世の考えお映《うつ》し下され。真《まこと》の神世《かみよ》となるから、皆々《みなみな》すべて分かるようになるから、恥《はずか》しくないようみな大事になされ。嫌《きら》いなもの多いと嫌われますから、いよいよ暮らすこと出来ぬ世となりますから、皆々好《みなみなす》いて大事に感謝《かんしゃ》出来る己《おのれ》を愛《いつく》しんで下されよ。神申すことといよいよ真《まこと》の世の顕《あらわ》れとなるから、変われんと不足申す者みないよいよ真《まこと》見て腰《こし》抜《ぬ》かす時来たから、これからの改心いよいよ役に立たんから見ておざれよ。鼻高《はなたか》さん、見物いたし下され。方便といたしてきたこの方《ほう》のツケ返さなならん時来たから、みな難儀《なんぎ》いたす者もあるや知れぬが、己求めた結果であるから不足申すでないぞ。人民可愛《かわい》いだけではならんから、草木、虫けら、獣《けもの》らすべて救わなならんから、いよいよ始めますぞ。それぞれ己のゆく先、みな決めておるのじゃから、うれしうれしじゃな。何をどんなに頂《いただ》いても、己求めた結果でありますぞ。御魂相応《みたまそうおう》にいたすから文句《もんく》言うでないぞ。皆すべてを愛することいたして、この方《ほう》顕れるから、それぞれ申し分ない己へと移《うつ》られ下され。神、人、共に歩む世となった。えみためえみため。
あーえーいーおーうー　うーるーうーるーうー　おーろーおーろーおー
ひーふーみーよーいー　えーめーれーめーれー　ふーむーうーるーむー

二〇〇六年十月十八日　天《あめ》の日月《ひつき》の神

「ぬ」の巻

皆々《みなみな》それぞれに生きておるのじゃ。であるが、それぞれみな繋《つな》がっておるのじゃぞ。不平不満申す者、多いのう。己《おのれ》が正しいと申す人民、みな無くなるぞ。そのこと自《おの》ずとそのようになりておること、まだ気づかんか。皆々、我《わ》が身可愛《かわい》さに常《つね》に誰《だれ》かのせいにいたし、呼吸《いき》していること当たり前に申すでないぞ。何もせずに生きられることの貴《とうと》さに気づけば、天国近いぞ。天国に暮《く》らせるのじゃぞ。人民みなそれぞれ生きてゆくと思うておるが、草木、虫けら、獣《けもの》も皆々大事なお役目持っておるのじゃから、殺して下さるなよ。それぞれに繋がり大事であるのじゃから、人民、早《はよ》う誠《まこと》に生きて下され。いつまで経《た》っても皆のためには生きられんと申す人民、いよいよとなりて来たから、これからのことますます生きてゆくには難《なん》も多いなれど、そのうち新し幕《まく》上がりて、これは何とした事かと、うれしうれしと、みな声上げて喜ぶ時いよいよ訪《おとず》れるから、出来ぬ、存《ぞん》ぜぬ、それればかりでは共倒《ともだお》れぞ。

皆、何ゆえに生きておるか考えてみよれ。これればかりは、おのおのみな考えて歩まねば、靈人《れいじん》として己《おのれ》道見失い、辛《つら》い人生歩むこととなるのぞ。皆のために生きるとは、皆を愛する己ともなるよういたすことぞ。世界の平和を願い、隣人《りんじん》と喧嘩《けんか》いたす人民多いのう。あべこべご自分主義《しゅぎ》、神も閉口《へいこう》じゃ。何ゆえ己のみの神といたすのか。そのこと気づかん人民、いずれも神を小使いに思うておるに分からんか。そなたらは、皆々大事にせねばならんものを捨《す》て、捨てねばならんものにしがみついておいでじゃ。

出直し出直し、皆々出直しですぞ。良いな。これもみな生きてゆくために大事なことでありますのじゃ。思いが正されねば、人民生きてゆけんぞ。すべては思い、靈《れい》の世界から顕《あらわ》れるのじゃから、物中心のお考え、お止《や》め下されよ。神は、物でもあるが、靈であるぞ。無、であるぞ。有《ゆう》、となるぞ。どこまでも皆のために存在《そんざい》いたしておるから、みな分からんのも無理ないなれど、この者にこうして書かせておるのも、お役ある者であるゆえいたさせておるのじゃ。お偉《えら》いさんには困《こま》る困る。あれは偽物《にせもの》これは偽物、それは自分が偽物であるがゆえに申すのであるぞ。本物見る目あるならば、皆を大事に思う思いに満《み》ちておるのじゃ。分かりたか。

己《おのれ》が一番と申す人民、そなたは、獣《けもの》の容《い》れ物となりておりて、この方《ほう》の申すことも、聞こえん、知らん、聞きたくない、どこまでも我《わ》がままになりておるのじゃ。この方《ほう》、皆々大事に思う大神であるのじゃぞ。そなたばかり大事にいたす神ではないのじゃから、真悟《まことさと》れよ。悟らねば悟るよういたさすぞ。それぞれに目に物お見せいたすから、すっかり心改めて下されよ。この者、大神の御魂《みたま》、靈人伝えて伺《うかが》い、皆にお伝えいたすお役目。赤子心《あかごごころ》となりて、容《い》れ物となりておるがゆえに、こうして皆に伝えられておるのじゃ。元からの隠《かく》し御魂《みたま》ぞ。鍛《きた》えに鍛えてここまでに練《ね》り上げて、お役に遣《つか》っておるのじゃ。みな分からん苦労に苦労させ今にあるのじゃから、何ゆえにこの者なのかと申す人民、見かけばかりの判断《はんだん》では、世の移《うつ》り変わりも分かりはせんぞ。

これまでの宗教《しゅうきょう》は宗教じゃ。教えとなりて導《みちび》き、それぞれに応《おう》じて申してきたなれど、この文《ふみ》、皆に申すのじゃ。それぞれ縁《えん》ある者伝えて下されよ。縁ある者繋《つな》がり下され。我捨《がす》てて、皆々仲良う手分けいたして、新しい仕組みお創《つく》り下され。真《まこと》のうれしうれしの世、皆でお創りなされ。神々様はお手伝いでありますぞ。どれ、いずれは、神は隠居《いんきょ》じゃ。みな人民にお任《まか》せいたして、お見守りいたすから、身魂磨《みたまみが》いた人民、この方《ほう》にまつろえよ。祀《まつ》り合わせて苦しみ無い、うれしうれしとなりて下され。皆々生きる時代となりたぞ。生かす時代となりたぞ。これ皆、あといと合わせて、愛といたすのじゃ。男と女と仲良うなさりて下され。それぞれのお役目、ちゃんと見失わんように褒《ほ》め称《たた》えおうて下されよ。人民みな大事なお役目担《にな》い、この世の日月《ひつき》の民《たみ》といたしてお遣《つか》いいたすのじゃから、素直《すなお》に変わられよ。

これからは、いよいよ実地《じっち》もあるゆえ、意を知りなされ。身を見つめなされ。縁ある者同士、仲良うお進みなされ。神、見つめ歩まれよ。光、見つめなされ。光、出せよ。光となりなされ。これ、みのあのそのし。これ、よのちのさのそ。良いか。分からん者、分からんで良いのじゃ。分かりたか。

二〇〇六年十一月十日　天《あめ》の日月《ひつき》の神

「ね」の巻

うれしたのし皆々繋《みなみなつな》がり因縁解消《いんねんかいしょう》いたし、これまでの苦《く》に感謝《かんしゃ》の花咲《さ》かせて下されよ。うれしたのし生きる民《たみ》、自《おの》ずと天国に暮《く》らすなれど、自ずと苦の道選ぶもあるぞ。苦しむこと、喜びといたし下さるなよ。楽、どこまでも喜び広げて下されよ。皆々うるうしにあるのじゃぞ。愛すること広げ生きるなれば、己《おのれ》は地となるであろうに。己、小さいのう。大きく己いたされよ。皆々仲良ういたされよ。不平不足申すでないぞ。これ、皆々様方に申すのじゃから、誰《だれ》一人とて出来ておるお方おらんのであるから、苦しみどこまでも感謝なさりて、皆々受け入れて下されよ。

これから皆々繋がり縁《えん》感じ、何としたことかと思うこと多くなるなれど、それも皆々うれしうれしじゃから、誰一人とて因縁じゃぞ。どれもこれも皆々今まで出会って来た大事な因縁御魂《みたま》ばかりじゃから、この世の姿《すがた》におのおの変えて、それぞれに引き合わせておる御魂《みたま》因縁の仕組みじゃ。己《おのれ》の親、兄弟、姉妹《しまい》、仲間、敵《かたき》とて、皆々それぞれ変えて出会っておるのじゃから、一人一人大事に大事になされよ。感謝に、深く感謝に、どこまでも頭下げて皆に愛されて下され。

それぞれに神々様の分御霊《わけみたま》お付けいたし、守護霊《しゅごれい》様お付けいたしておるのじゃから、独《ひと》りで生きておる者、誰一人とておらんのじゃぞ。淋《さび》しくなったら己の守護霊様にお尋《たず》ね申せよ。何でも答えて下さる貴《とうと》きお役目であるから、皆々話しかけて貰《もら》いとうて、うずうずいたしておられますぞ。どうじゃ、分かりたか。そなたは、そなた一人で出来ておるのではないのじゃ。そなたは、この神の肉体借りて学ばせて頂《いただ》いておるのじゃから、〇大事になされよ。多くの靈人《れいじん》様方にご守護して頂きながら、日々夜々《ひびよよ》生きておるのじゃぞ。淋しくなったらお尋ね申せよ。神も靈《れい》も皆々そなたを抱き締《だし》めて下さるぞ。

そなたを大事に守っておいでになられますのが、そなたの守護靈様じゃ。そなたの御魂《みたま》の成長のために、時に厳《きび》しく、時にお褒《ほ》め下さり、共に泣き、共にお喜び下さっておられます貴きお役目ですぞ。良いか。皆々守護靈様方に手合わせ、感謝申して下されよ。ますますうれしうれしとなりますぞ。靈、人、共に和す元《もと》、育《はぐく》んで下され。共に生きておるのじゃから何でも話されよ。時に叱《しか》って貰《もら》いなされよ。神々様らも、靈、人、皆々可愛《かわい》いから、それぞれ皆を大事にお見守りいたしておるから、誰一人とて要《い》らぬ人民おらんぞ。皆々大事なお役目頂いて生きておるから、早《はよ》う目覚《めざ》めて真《まこと》の道に歩まれて下されよ。一日も早く喜びに泣いて下されよ。

これから、いよいよ実地《じっち》も激《はげ》しくなりてゆくぞ。まだまだこれからであるなれど、それぞれの身魂次第《みたましだい》でどうにでも変わるのであるから、皆に伝えよ。神はおらぬ、靈はおらぬと、いつまでも寝《ね》ぼけておっては笑われますぞ。早《はよ》う真《まこと》見つめて、この神お分かり下されよ。

いよいよ、参りますぞ。皆のために生きよ。どこまでも皆のために生きて、お仕《つか》えなさりて下されよ。これからは、皆々生きて変わるのじゃ。生きて生かされる時、訪《おとず》れましたぞ。生かされよ。それぞれ皆々、お役目に生かされて下されよ。うれしうれしとお働き、どこまでも争《あらそ》い事罪穢《ごとつみけが》れ共に⊕《あい》し、⦿《まこと》の浄化《じょうか》いたして下されよ。愛することにも悪《あく》あるなれど、悪抱《いだ》き参らせて、うれしうれしの涙《なみだ》流されよ。火の神様、水の神様、いよいよお動きなされますぞ。続いて大神様、お動きになられ、いよいよ皆々変わりますぞ。例えではないぞ。いよいよじゃ。これは何としたことかと真《まこと》が分からんようになりたら、神世《かみよ》のお顕《あらわ》れじゃ。

うゐのおくやまけふこえてあさきゆめみしゑひもせすん。これから皆々移《うつ》る。世の立て直しである。

二〇〇六年十一月二十日　神移る。あわやらわ。天《あめ》の日月《ひつき》の神　うるう。

「の」の巻

　これまでのお引き合わせ、よく見てみなされ。いよいよ会わされておること、良く分かったであろうがな。うれしうれしとなりておろうがな。それぞれ改心いたされ、皆々因縁解消《みなみないんねんかいしょう》いたし、うれしうれしじゃなあ。それ、皆々雛型《ひながた》じゃ。それぞれの雛型見せておるのじゃからお分かり下されよ。神人遣《かみひとつこ》うて、それぞれに雛型見せておるのじゃから、皆々和し、皆々繋《つな》がり、より大きい喜びへと歩むこと、我《われ》さえ良ければ良いと申す者、要《い》らぬようになりて来ること、これで分かりたか。そがため、みな引き合わせ、繋ぎ合わせ、解消させ、うれしうれしと歩ませておるのじゃ。これからは、皆々うれしたのしの国造《づく》りじゃ。これまでのような国ではないのじゃぞ。金要《かねい》らぬから、みな与《あた》えっぱなしじゃ。その雛型造《つく》って下さる者、これまで、あの手この手と導《みちび》いて来ておるのじゃから、いよいよ人間界も大変わりじゃのう。

みな大き勘違《かんちが》いいたしておるから、早《はよ》う目覚《めざ》めさせて下されよ。誰《だれ》一人とて要《い》らぬ人民おらぬのじゃから、皆々神の分御靈《わけみたま》じゃ。誰《だれ》も彼《かれ》も皆々この方《ほう》の子じゃから、早《はよ》う目覚《めざ》めて下されよ。世明けておるのじゃから、皆々すっくり、綺麗《きれい》さっぱり、良く見えますぞ。どこにおりても、みな大事な御魂《みたま》。お救い下さると申しておりたのは、皆のことじゃ。この地、皆々大事な御魂《みたま》ばかりじゃ。

そなたらの周りには、そなたがこれまで生まれ変わって出会って来ておる方々ばかり、姿形《すがたかたち》変えて再び引き寄《よ》せておるのじゃから、不足申さず皆に感謝《かんしゃ》いたされよ。因縁《いんねん》ある御魂《みたま》ばかり引き合わせて改心させて、共に弥栄《やさか》えるお仕組みでありますぞ。神々様、守護靈殿《しゅごれいどの》、皆々たいそうご苦労でありますのじゃから、皆々様にお礼申し、共に歩まれて下されよ。うれしうれしとどこまでもどこまでも共に歩まれますぞ。

どうしてこのような状況《じょうきょう》になっておるかと申すならば、因縁あるからじゃと申す。

そなたと相手との因縁、そなたと人々との因縁、そなたと国の因縁、そなたと動物たちとの因縁、そなたと地との因縁、皆々因縁あるがゆえに顕《あらわ》れておるのじゃから、他《た》を悪く申すでないぞ。新しい因縁生み巡《めぐ》るぞ。メグリとなりますから気つけて下されよ。肩に憑《つ》くぞ。重くなるぞ。身体《からだ》が痛《いた》むぞ。家族の不幸も皆々因縁からじゃ。共に浄化《じょうか》いたされねばならんぞ。家族の因縁、国の因縁、世界の因縁、これ一人が背負《せお》うことありますぞ。皆のため生きるとはそのことでもあるから、覚悟《かくご》いたせよ。それ出来るもの、神人《かみひと》と申す。神人《かみひと》、世界中に溢《あふ》れて来るぞ。喜んで、身魂《みたま》お遣《つか》い下さいませと現《あらわ》れて来るぞ。遣《つか》われるには、それ相応《そうおう》に掃除《そうじ》洗濯《せんたく》必要でありますのじゃから、綺麗《きれい》さっぱりお迎《むか》え下されよ。一人で千人分の、万人分の因縁、背負うことあるから、貴《とうと》きお役目じゃ。誰《だれ》に分からんとも身魂《みたま》捧《ささ》げる人民、皆々神人《かみひと》となるから、皆々あなさやけあなすがすがし、あっぱれな見事な御魂《みたま》じゃ。天晴《あっぱ》れ末代《まつだい》名残し、うれしうれしと御光《みひかり》となりますぞ。

皆々、我《が》、まだまだ小さいのう。もっと大きく、この方《ほう》となりて下されよ。地に暮《く》らす生き物、皆々救う大きい我《が》、持ちて下されよ。皆々、我《が》小さいぞ。己《おのれ》だけの我《が》、いよいよ恥《はずか》しくなりますぞ。どうじゃ、分かりたか。この方《ほう》、皆のために生きておる生《い》き身魂《みたま》、生《い》き神《がみ》じゃ。神、人間に移《うつ》ること無いと申すお偉《えら》いさんも、皆々早《はよ》う悟《さと》られよ。人の智《ち》では理解《りかい》出来んのじゃから、素直《すなお》にお変わり下されよ。肉体は、この方《ほう》の身から出来ておるのじゃ。魂《たましい》は、皆々大神様の分御靈《わけみたま》からお生まれなさりて、一つ一つ長い時間掛《か》けて学ばせてお役付けて生かしておるのじゃ。この方《ほう》も、皆々うれしうれしたのしたのし生きておる身魂《みたま》となりておる者に憑《かか》りておること、うれしうれしじゃから、共に生きるのじゃ。共に語りたいのじゃ。どうじゃ。これで分かりたか。

事分けて申しておること、お分かり下されよ。皆々うれしたのし生きられるのじゃから、早《はよ》う移られる身魂《みたま》となりて下されよ。神靈《かみ》、移りたくてうずうずぞ。守護靈殿《しゅごれいどの》も、皆々うれしたのしと語り合いたくてうずうずじゃから、あまり待たせて下さるなよ。そなたと早《はよ》う話したくて長いこと待ち焦《こ》がれておるのぞ。愛されておること、見守っておること、信じて下されよ。そなたは、一人ではないのじゃから、一人で生きておるのではないのじゃから、学ばせるために色々経験《けいけん》させておるのじゃから、取り違《ちが》い禁物《きんもつ》じゃぞ。うれしうれしたのしたのし生きられよ。待ちに待っておいでじゃ。神々様、靈人殿《れいじんどの》、皆々待ち焦《こ》がれておるぞ。艮金神《うしとらのこんじん》申す。これ皆、愛唄《うた》ういしの歌。在《あ》る、みな在《あ》る。

二〇〇六年十二月三日　天《あめ》の日月《ひつき》の神　艮金神《うしとらのこんじん》　愛唄う。

「は」の巻

皆々因果《みなみないんが》じゃぞ。そなたがどうしてそこにおるのか。みな因果からじゃ。何ゆえこうなっておるのか。それもみな因果からじゃ。誰《だれ》それのせいではなく、そなたが選んだ結果が呼《よ》び寄《よ》せたのじゃから、何も文句《もんく》申すでないぞ。文句申せば不足の虫湧《わ》き、次々と虫食いとなるぞ。腐《くさ》るぞ。朽《く》ちるぞ。靈《れい》も皆しかり。そなたらは、何ゆえ人に憑《つ》いておるか。己《おのれ》が改心出来ず、身体《からだ》を失い、どうにもならなくなって、他《た》を巻《ま》き込《こ》むつもりか。新しい因縁《いんねん》生み出し、ますます苦しむぞ。

この神示《ふで》、声出してお読み下されよ。ご縁《えん》ある靈人《れいじん》の方々にもお聞かせ下され。何ゆえに病《やまい》に取り憑《つ》いておるか。紛《まぎ》れも無くそなたは、この事を理解《りかい》出来ておるのじゃから、分からん認《みと》めんでは治《おさ》まらんから、素直《すなお》に変わられて下されよ。これからはもうどうにもならなくなるから、神の言うこと聞けるうちに聞いて下されよ。こうして神示《ふで》読むことも出来なくなるぞ。神の声聞けなくなる時ともなるぞ。艮金神《うしとらのこんじん》、皆のために申すこと、なかなか出来ぬようにもなるから、そなたら聞けるうちに素直にお聞き下されよ。このこと脅《おど》しではないから、神、頼《たの》むぞ。何申しても、何見せても、分かってもらえぬならば、実地《じっち》となるから、自《おの》ずとそうなるから、くどう申しておるのじゃぞ。良いか。親心、悟《さと》りて下されよ。してはならんと悟ったならば、大御心《おおみこころ》知った事でもあるのじゃから、繰《く》り返すでないぞ。いつまでも、人の自由に生命《いのち》殺してならんぞ。何もかも無くなるぞ。終《しま》いには、人も無くなってしまうのじゃから、癖《くせ》は治《なお》して下されよ。人類の癖、因果の強い癖ぞ。獣《けもの》、虫けら、草木、水、霞《かすみ》、皆々大事にいたし下されよ。そなたら生かすものじゃ。生かされておること、まだ気づかぬ人民、手当たり次第《しだい》に我《われ》の物として壊《こわ》しておるなれど、後《あと》で泣いても喚《わめ》いても、どうにもならなくなってしまうから、神こうしてくどう申しておるのじゃぞ。

本物か偽物《にせもの》か議論《ぎろん》はもう要《い》らんぞ。そなたらは、皆が滅《ほろ》んでも議論しておるぞ。真《まこと》分からん者、いくら議論しようとて、真《まこと》理解出来んぞ。すなわち、神愛すること出来ぬ者、神申す言葉聞けん道理じゃなあ。素直《すなお》に改心いたされよ。人民の智《ち》では、どうにもならん所へと移《うつ》って来ておるから、脅《おど》しではなく教えておるのじゃから、苦しみ理解して下されよ。人民苦しむ事、神苦しむ事ぞ。神は喜びであるなれど、苦しみともなるぞ。知ってもらい、改心してもらい、生まれ変わるには、苦しみも伴《ともな》わねばならんことあるのじゃから、誰《だれ》も彼《かれ》も皆々手繋《つな》いで、助けおうて、心して歩まれよ。うれしうれしたのしたのし変われるのじゃから、何事も心持ちぞ。

魔物《まもの》たち、いよいよ皆々出て来たのう。結界《けっかい》も無くなって来ておるのじゃぞ。神人《かみひと》、手柄《てがら》であったぞ。今暫《しばら》く苦しいなれど、それぞれ因縁だけ苦しむから、皆々喜び変わられるから、ますますうれしうれしの歌、唄《うた》えよ。うるうるう。これ、みな大神の御仕組み、誰にも分からんお仕組みじゃ。どうにもこうにも手つけられんようになって来ておるから、どうすればよいか分かるか。鳥居《とりい》は要《い》らんぞ。結界は要《い》らんのじゃ。

神々様、皆お姿《すがた》変えお働き下さります時ぞ。いよいよ、びっくりじゃなあ。うれしたのしじゃなあ。あっぱれあっぱれ神々様、弥栄《やさか》ましませ弥栄《いやさか》ましませ。皆々、お喜びじゃ。お立て替《か》え下さりますぞ。人、容《い》れ物となりて、いよいよ立て替えいたされよ。己《おのれ》の改心、掃除洗濯《そうじせんたく》出来たら、大神様にお願い申してお役頂《いただ》けよ。いくらでもお役ありますぞ。お役取り得《どく》じゃ。うれしうれしたのしたのしとお暮《く》らし下され。難《なん》なく大峠越《おおとうげこ》せますぞ。うっちゃりいたすお仕組み、たのしたのしじゃ。神々様、靈人《れいじん》殿《どの》共々、この世の立て替えにお降《お》りなさられ総活動《そうかつどう》じゃ。いよいよ滅多《めった》にない時、訪《おとず》れましたぞ。魔物も皆々改心させ、スックリ救うから素直にいたされよ。⊕《あい》すること、うれしうれしじゃ、たのしたのしじゃ。

うーるーうーるーうー。おーろーおーろーおー。喪《も》に服《ふく》し、愛に慕《した》う世となった。

二〇〇六年十二月七日　天《あめ》の日月《ひつき》の神　艮金神《うしとらのこんじん》　うるうるう。

「ひ」の巻

　これまでのこと、申しても分からぬ者現《あらわ》れるから気つけなされ。それぞれの癖《くせ》、なかなか手放《てばな》せぬゆえ、もがき暴《あば》れるのじゃ。まだまだ大暴れありますぞ。ここに雛型《ひながた》出てきておるように、真《まこと》分からぬ者、分からぬのではなく、分かろうとせぬ○《カミ》に仕《つか》えておる者であること映《うつ》しておる事に、自《おの》ずと気づくであろうぞ。他《た》を罵《ののし》るは、罵ること好む○《カミ》にお仕えの輩《やから》に好まれておいでじゃ。魔物《まもの》じゃぞ。魔物に食われておる輩《やから》多いのう。この国も宗教《しゅうきょう》も皆々《みなみな》魔物に食われ、好《よ》いように操《あやつ》られ放題じゃ。救世主《きゅうせいしゅ》と申して、それぞれの私腹肥《しふくこ》やす事ばかりお考えであるがゆえに、真《まこと》分からんようにまで成り下がっておること、早《はよ》うお気づき下されよ。そなた、このことようく読んで下されよ。そなたに憑《つ》いた魔物暴れておるぞ。魔物も皆々救うから、しっかり褌《ふんどし》締めておざれ。申すだけなら誰《だれ》でも出来るぞ。

この者遣《つこ》うて、そなた救うぞ。こうして容《い》れ物となりておるこの者、何も考えず、こうしてわしの身体《からだ》となりておるのじゃ。分かりたか。このわしを魔物と申すそなた、笑われますぞ。表《おもて》に出て己《おのれ》の顔を見せ、名申してみよれ。それが出来れば、聞いてやるぞ。この者、すべてお任《まか》せいたし、皆の前で申してきておること、まだ分からんか。この者、皆に何言われようが、馬鹿《ばか》にされようが、人に気違《きちが》いと言われようが、我《われ》と共に在《あ》ること、喜びに変えてのお役目じゃ。出来る者少ないのう。人に知れん苦労多くさせ、皆々救うため、皆に出来ぬ苦労、日々《ひび》しておる者じゃ。そのこと申せば切りないなれど、金儲《かねもう》けや名売りたさに神事《かみごと》しておる御魂《みたま》ではないぞ。

健仁《たけひと》、そなたは皆に笑われても、蔭口《かげぐち》言われても、皆を救うお役頂《いただ》きたいと願いこうしてある。そなたは、何も馬鹿にされるいわれは無いのじゃが、分からぬ者が九分《くぶ》九厘《くりん》じゃから、色々言われる事あると申しておくぞ。文句ばかり申す輩《やから》、みな魔物の手足となりて尻《しり》の毛抜《ぬ》く腹《はら》じゃから、安心いたされよ。そなたは、みな愛する歌唄《うと》うておれよ。声出ぬのも、もう暫《しばら》くの辛抱《しんぼう》ぞ。善《よ》き学びの機会与《あた》えられておるのじゃから、悪く申すでないぞ。うれしたのしとお役目なされて下されよ。

恨《うら》み辛《つら》みよりたち悪いは、ひがみねたみ、他《た》を悪く申す魔物の想念《そうねん》じゃ。悪《あ》しき癖《くせ》じゃぞ。この世、魔物の世となっておるがゆえに、当たり前のようにみな口にするなれど、言靈《ことたま》、己《おのれ》の想念の家主《やぬし》であること、分かりたか。ようく腹にある者に問うてみなされよ。動くぞ。暴《あば》れるぞ。そのうち、のた打ち回るぞ。ひふみよい。これ、その輩《やから》に聞かせなされ。何度も聞かせてみなされよ。みぞおちに魔物溜《た》まるぞ。手当てて、ようく言い聞かしてみなされよ。これからは、大勢《おおぜい》現《あらわ》れるぞ。いよいよ、魔物大勢現れますぞ。神々様、靈人《れいじん》様方、いよいよじゃぞ。

二〇〇六年十二月八日　天《あめ》の日月《ひつき》の神　記《しる》す。

「ふ」の巻

これからのこと、しっかり申すから、皆《みな》よく聞きなされよ。皆々己《みなみなおのれ》申すこと、一つ一つ審神《さにわ》して下されよ。己、審神《さにわ》せねばならん時であるぞ。皆々己の言葉、己の意と思うておるのか。己の思いは、それぞれ違《ちが》うことあるぞ。気づかん人民多いから、何ゆえそう申したのか、そのような事を申した覚《おぼ》えが無いとか、いよいよ苦しみもがき、氣《き》が参って来ることあるから申すぞ。想念とは、星の数ほど無限《むげん》にあるから分からんものじゃが、分からんこと学ぶために生まれておること悟《さと》れよ。それぞれに違う想《おも》いがあるから形も違うのじゃ。違うがゆえに争い、また喜びともなるのじゃぞ。それぞれに付いておられる靈人殿《れいじんどの》によって、想いが変わるぞ。守護靈殿《しゅごれいどの》変われば、そなた住むところも変わるぞ。仕事も変わるぞ。それぞれの守護《しゅご》靈殿《れいどの》改心なされば、己《おのれ》も改心なさるのじゃ。

己の身体《からだ》ではないのじゃから、早《はよ》う目覚《めざ》めて下されよ。己、◎《みたま》であるぞ。地の大神様の御身体《みからだ》お借りいたし、あらゆる想念《そうねん》学ばせて頂《いただ》いておるのじゃ。そして、それぞれに縁《えん》ある靈人殿《れいじんどの》守護付けさして、繰《く》り返し学ばせておるのじゃ。靈人殿も共に学んでおるのじゃぞ。そなたは、因縁《いんねん》だけのこと学ばねばならん。学ぶとは、経験《けいけん》せねばならんということ。因果《いんが》あるから、善《よ》きことすれば喜びとなり、悪《あ》しきことすれば自《おの》ずと不運訪《おとず》れるぞ。世はすべて因果じゃ。申した言葉、己に返って来るぞ。天に唾《つば》いたすこと、いたしてくれるなよ。

繰り返しは、もう要《い》らんぞ。人類同じこと。獣《けもの》、草木、虫けら、素直《すなお》じゃなあ。人、いつまでかかっておるのか。憑《つ》きもの、早く改心いたされよ。これまで無惨《むざん》に殺された人、獣《けもの》、皆々因果だけの🌀《メグリ》はとらせておるが、いつまでも切りが無いから、ひとまず終わりといたすから、それぞれ皆々改心結構《けっこう》ぞ。これからは、自ずと滅《ほろ》ぶぞ。己が己を導《みちび》くぞ。善《よ》きよういたされよ。御魂相応《みたまそうおう》によってどうにでもなるから、人民の好きなようになるぞ。皆々それぞれ自由じゃ。平等じゃぞ。いたしたいように生きてみなされ。どうじゃ、世は治《おさ》まるか。持続出来るか。魔物《まもの》自由にいたす世は、共食《ともぐ》いじゃ。奪《うば》い合いじゃぞ。己と違《ちが》うことで殺しおうて、終《しま》いにはみな丸潰《まるつぶ》れじゃ。皆々分かりたか。ようくお考え下されよ。

自由、平等申すなれど、悪魔《あくま》どもの合言葉じゃぞ。みな潰《つぶ》す合言葉じゃ。分かりたか。真《まこと》の自由は、選択《せんたく》することのみであるぞ。いずれを選んでも決まっておるのが因果じゃ。自由は無いのであるぞ。皆々平等にすれば、同じ生き物ばかりで成り立たなくなるぞ。おのおの違うこと、平等なのじゃ。分かりたか。不平不足申すのは、魔物の囁《ささや》きであるのぞ。おのおの魔物の独《ひと》り言《ごと》、言わされておること早《はよ》う気づけよ。

言葉は選ばれよ。感謝《かんしゃ》の言葉申せよ。人、誉《ほ》めよ。皆々、誉めよ。うれしうれしとなりて来るぞ。己も皆もうれししたのしじゃ。あっぱれあっぱれじゃ。己、正しいと申す者、我《が》の強い靈人殿、改心出来ぬゆえに、苦し紛《まぎ》れに他《た》悪く申すぞ。皆々可愛《かわ》い可《か》愛《わ》い子じゃから、早《はよ》う変わられよ。ここは雛型《ひながた》出しておるのじゃから、いよいよ、バタバタと始まりますぞ。皆々改心なされた姿《すがた》が、新しい次の世の始まり、映《うつ》しじゃ。うれしうれしたのしたのしみなみなあっぱれあっぱれまつりまつりで、十《かみ》になりますぞ。

どれどれ、これはこれは死に神殿。魔物の道つけて下さり真《まこと》お役目あっぱれあっぱれですぞ。どうじゃ、分かるように申せば、死に神とは、これまでの時代の映しの姿《すがた》じゃ。魔物の道とは、そなたら皆々消毒いたす光の時代を申すぞ。苦しむのは、それだけ因縁あるからぞ。己《おのれ》、うれしうれしと生きられんなれば、それだけ◎《メグリ》あると思えよ。掃除洗濯《そうじせんたく》出来た者、皆々うれしうれしと皆々のためにお働きぞ。難《なん》なく峠越《とうげこ》せますぞ。苦しむには、苦しむだけの因縁あると申すぞ。己、皆の因縁背負《せお》うてくれぬか。皆の因縁喜んで背負うて下さる者、少ないのう。卍《シャカ》、十《キリスト》にもなれるぞ。磨《みが》けば光る貴《とうと》き御魂《みたま》ばかりじゃ。口ばかりではならんぞ。金儲《かねもう》けならんぞ。名ばかりでは、世は変わらんぞ。己、身魂《みたま》磨き結構であるぞ。厳《きび》しい言葉もそなた助けたさに申すこと、分かりて下されよ。みなみなうれしうれしたのしたのしあっぱれじゃあっぱれじゃ。
光り輝《かがや》く御世《みよ》開《あ》けにけり。

二〇〇六年十二月九日　天《あめ》の日月《ひつき》の神　うれしうれしじゃなあ。

「へ」の巻

皆々《みなみな》うれしうれしの時となった。どうすれば愛し合ってゆけるか、皆々よく話しおうて歩みなされよ。誰《だれ》一人とて、独《ひと》りでは歩けん道理、よく分かったであろうが。己《おのれ》が正しいと申してばかりの人民、今に淋《さび》しくなるぞ。皆と共に歩む道、見出《みいだ》さねば、今よりももっと淋しくなりて、己で己を殺すことなって来るから、ようく申しておくぞ。お聞き下されよ。

誰一人とて要《い》らん人民ないのじゃぞ。それぞれ改心いたして皆のために生きれば、神人《かみひと》として、その時からうれしたのしと歩めるのぞ。誰も彼《かれ》も皆々神人《かみひと》となって、新し地《くに》のお役に成りなりて下されよ。

世は、まだまだ大き戦《いくさ》あるやしれんぞ。共食《ともぐ》いそなたに来るやしれんぞ。泣くに泣かれんようにまで、落ちるところまで落ちるや知れんから気つけて下されよ。それでも、改心出来ておる人民、心穏《おだ》やかに峠越《とうげこ》して皆と共に歩めるぞ。共に歩める大事なお仲間、今のうちにどうぞ作りて、うれしうれしたのしたのしと繋《つな》がりて、喜びながらお暮《く》らし下され。それが、人民に申すこの方《ほう》の願いぞ。この方《ほう》、地《ち》の神。自《おの》ずと分かるぞ。それぞれの元となりておるぞ。足元に気つけよと申してきたこと、これで分かりたか。そなたらの神とは、そなたらの足元におるのじゃ。そなたらの身体《からだ》も食べ物も、着る物も家も、皆々この方《ほう》の身預《あず》けておるのぞ。大事にして下されよ。靈《れい》であるぞ。魂《たましい》であるぞ。ゝであるぞ。○であり、⦿であるぞ。皆々この方《ほう》の肉体に暮らしておるのじゃ。分かりたか。神は、肉体でもあるぞ。そなたらの目に見えるすべてであるぞ。この地、そのものじゃ。分かりたか。生き通しの神とは、この方《ほう》の御身体《みからだ》そのものであるのじゃ。そなたら、皆々この方《ほう》の肉体食べて生きておるのじゃ。

人民、これまでずっと大き取り違《ちが》いいたしてきたから、いよいよ苦しくなったのぞ。

これは自分の物じゃ、これは自分の地じゃ、あれもこれも皆々我《われ》の物じゃと、人民、己《おのれ》の物にしようと戦《いくさ》続けてきたなれど、人民の物というものは何一つ無いぞ。この神、生き神ぞ。この神無くして、人民生きられんぞ。人民自らが、地の神となって好き放題、そろそろ勝手も疲《つか》れて来たであろうがな。苦しくなりて来たであろうがな。見て見なされ、地の生き物みなみな苦しんでおるぞ。喜んでおる生き物少ないぞ。いよいよじゃなあ。皆々うれしうれしたのしたのしと暮らせる星と出来なんだなあ。良い良い。尻《けつ》は拭《ふ》いてやるぞ。この方《ほう》の可愛《かわい》い子じゃから、人民皆々そなたらの尻《けつ》、この方《ほう》拭《ふ》かせて頂《いただ》くぞ。ならば、赤子《あかご》の心となりて素直《すなお》に親の言うこと聞いて下されよ。よく分かったなら、泣いて詫《わ》びてみよれ。尻拭《けつふ》いてうれしうれしといたさすぞ。このままではいよいよとなって、人民苦しくなってますます落ちるから、それでは可哀想《かわいそう》なからくどう申してきたが、分からん人民いくら言っても分からんようじゃから、他《た》の星にお移《うつ》しとなるぞ。もう決まっておいでじゃ。別の星で生まれ変わってやり直して下されよ。

この地は、いよいよ大きく変わるぞ。新しい地となりて、新しい身魂《みたま》となりて、人民みなみなうれしうれしたのしたのしと暮らせる神世《かみよ》となるぞ。光り輝《かがや》く充《み》ち満《み》つ世となるのぞ。一時《いっとき》、ちと苦しいやもしれんが、長い長い永久《とことわ》の生《せい》のほんの一瞬《いっしゅん》であるぞ。この方《ほう》、人の世の三千年、我慢《がまん》いたしたぞ。人民、この方《ほう》の爪《つめ》の垢《あか》ほど我慢して下されよ。いよいよじゃ。皆々仲良う、うれしたのし共に歩んで下されよ。まこと、ひふみ、の生き方じゃ。さぁ、変わりゆくぞ。靈《れい》の国、既《すで》に変わったのぞ。分かる者分かりておるぞ。分からん者分からんのぞ。いよいよじゃのう。これ、一つ隠《かく》しておるぞ。素直《すなお》に聞いて下されよ。艮金神《うしとらのこんじん》現《あらわ》れ唄《うた》う子の歌。

二〇〇七年一月八日　ひふみの神　申す。

「ほ」の巻

愛に生きる者、皆々《みなみな》うれしうれしと成りなりて、これからのお役、皆々善《よ》きよう話しおうてお進みなされ。これからは、話しおうてゆかねば、次々と己《おのれ》見失《みうしの》うてしまうや知れぬから気つけおくぞ。愛すること、大事じゃ。愛するとは、他《た》を迎《むか》え入れ理解《りかい》することであるぞ。他《た》とは○、心、ゝであるぞ。○にゝ入れて、◉となって下されよ。己の身体《からだ》、○ぞ。靈《れい》、ゝであるぞ。靈、肉体と和せよ。肉体とは、地《ち》の神様のご分身《ぶんしん》であり宇宙《うちゅう》そのものであるぞ。肉体、己であって己のものでないぞ。己の肉体、大事に出来ぬ人民ばかり。己がお借りいたしておる肉体、大事に出来ず、他《た》、大事に出来んぞ。あべこべ多いのう。他《た》、大事に出来て、己、大事に出来ぬ者、他《た》、大事に出来ておると思うてか。独《ひと》りよがり結構《けっこう》じゃのう。他《た》、大事に出来る者、己の肉体も守護《しゅご》霊殿《れいどの》もご先祖《せんぞ》様も、皆々大事に出来る者であるぞ。分かりたか。他《た》、大事に出来る者、この地《ち》、大事に出来るようになりて来るぞ。

神人《かみひと》となりて、この方《ほう》と共に歩む者、いよいよ溢《あふ》れて来るぞ。皆々いずれは神人《かみひと》ぞ。良いか。うれしうれしと先ゆけば、どこまでもどこまでも天晴《あっぱ》れ晴れやかであるのぞ。喜び末広がりとなりて、どこまでも続いておるのが神世《かみよ》であるのぞ。うれしうれしたのしたのしじゃなあ。天晴《あっぱ》れ天晴れうれしうれしじゃなあ。神々様、お喜びじゃ。

霊人殿《れいじんどの》、世は既《すで》に変わりたぞ。大峠越《おおとうげこ》したのぞ。どうじゃお分かりか。肉体人《ひと》の世界にいよいよ顕《あらわ》れて来るから、びっくりたまげてどうしたものかと、あっちにうろうろこっちによろよろ立てんようになるから、お蔭落《かげ》とさんようにいたされよ。すっかり掃除《そうじ》いたして、要《い》らんもの無くなって、うれしたのしとなるぞ。要《い》るもの皆々大事じゃ。要《い》らぬもの何一つ無いのじゃぞ。じゃが、時来《きた》りてお移《うつ》りいたすのじゃ。要《い》るものも変わるのじゃ。世が変わるのであるから、その世に合わせたものでなければならん道理じゃな。うれしうれしじゃ。皆々うれしうれしじゃ。それぞれがおのおの己《おのれ》の世界へとお移りになるのであるから、お別れじゃなあ。いよいよ卒業いたして、それぞれ違《ちが》う道歩む、自《おの》ずと道は見えておるであろうに。

己が道を決め己の足で歩むのであるから、何一つ文句《もんく》言うでないぞ。因果《いんが》とは、このことぞ。己で選んだ己の喜び満《み》つ道ぞ。この方《ほう》、いよいよ皆々お別れいたして、新たに生まれ変わるから、皆々可愛《かわ》い可愛《かわ》い子であるから、それぞれ良きに歩まれよ。この地、いよいよ変わるぞ。大きくいよいよお変わりいたすぞ。皆々うれしうれしとなりて下されよ。

この神、祈るぞ。分かりたか。子愛する親、誰彼《だれかれ》問わず皆々愛《いと》しいのじゃ。罰《ばつ》は誰にも無いのであるぞ。分かりて下されよ。そなたも皆々可愛《かわ》い可愛《かわ》い子じゃ。己が選ぶ道であるのじゃから、うれしうれしと歩まれて下されよ。この方《ほう》、ずっと見守って来た元の元の元の大親ぞ。神々も靈も人も、皆々じゃ。ありがたや、皆々神子《みこ》であるのぞ。縁《えん》ある者同士、それぞれに引き寄《よ》せておるぞ。表裏《おもてうら》、それぞれあるぞ。あいするとは、表裏《おもてうら》であるぞ。
これ皆、艮金神《うしとらのこんじん》うるうしある声のお歌。あーやーわーらーわー。
二〇〇七年一月十四日　天《あめ》の日月《ひつき》の神　艮金神《うしとらのこんじん》　歌唄《うた》う。

「ま」の巻

あえいおう。うるうるう。おろおろお。

もういくつ寝《ね》るとお正月。それぞれの御魂《みたま》は改心なされ、色々な世界へとそれぞれ移《うつ》り変わり、うれしうれしとなり変わられる時となった。三千世界《さんぜんせかい》すべての移り変わり、うれしうれしの世の姿《すがた》。皆々《みなみな》うれしたのし、すべてに喜び唄《うた》う地となりて、痛《いた》みも苦しみも迷《まよ》いもない、まっさらな透《す》けて見える⦿《まこと》の民《たみ》の世となりゆくぞ。それぞれ御魂相応《みたまそうおう》の世界へ移るとは、例えではなくそれぞれの心のままであるのぞ。日々《ひび》の思いの因果《いんが》であるぞ。何をするにも、まず思いが始めであろうがな。すべて思いが映《うつ》り、言《こと》となり、動きをなす。思い通りとなるのじゃ。何を思うて生きるか、この先の己《おのれ》を決めるのぞ。誰彼《だれかれ》のせいでなく、己の思いは、何千年もの因果の顕《あらわ》れとなって出ておる。何もかもが己のままであるのじゃから、何一つ不足申すでないぞ。顔も身体《からだ》も皆々その方《かた》相応に変わるから、末代《まつだい》動かぬ◎《まこと》で現《うつ》すから、今のうちにいくらでも改心なさり、皆《みな》のために生きて下されよ。

金《かね》も要《い》らぬぞ。要《い》るのは今暫《しばら》くの狂言《きょうげん》じゃ。捨《す》ててみなされ。皆のために使いなされ。生きること感謝《かんしゃ》いたし、うれしうれしと仲良う皆と暮《く》らされよ。金《かね》より大事なものあるのぞ。命失《うしの》うても縋《すが》りついておるもの多いのう。己の未来が決まるのじゃから、いつまでも金にしがみついて下さるなよ。金は要《い》らぬ世となるのじゃから、心暮《く》らせんこととなるぞ。自《おの》ずと悪《あく》となるぞ。

靈《れい》も神もおらぬと申す人民、まだまだたくさんおるが、今に淋《さび》しくなりて生きておれんようになってくるから、今のうちに縋《すが》りなされ。縋《すが》るとは、生きていることに感謝いたされと申すことぞ。皆々に感謝なされ。己の神は、足元におるぞ。いつでもそなたを見ておるぞ。上ばかり見ておっては、真《まこと》分からんぞ。そなた、この方《ほう》ちぎりて作っておることまだ分からんか。いつでも話し掛《か》けて下されよ。そなた話し掛ければ、そなたの守護靈殿《しゅごれいどの》に申して、いつでも改心させてやるぞ。改心すれば、その日その時から、うれしうれしあら何とした事かと、愉《たの》しくなりて参るぞ。この方《ほう》、無理に変えようとしておるのではないのじゃぞ。そなたが変わるのを、まだかまだかと待っておるのみじゃ。可哀想《かわいそう》じゃから人民に話し掛け始めておるのじゃ。

今までも神人遣《かみびとつこ》うて何百年も言って参りたが、まだまだ言葉足らんようじゃから、人民欲張《よくば》りじゃから、事細かに分かりやすく申すのぞ。神人《かみびと》、神の言《こと》、通訳《つうやく》いたす役《やく》割《わり》を申すぞ。靈人殿《れいじん》、幾人《いくにん》もの方々通じて現《あらわ》れておるから、我《が》出すと言歪《ことゆが》むぞ。歪《ゆが》むと苦《く》となって顕《あらわ》れるから、うれしうれしたのしたのしと感謝いたし下されよ。何も考えず容《い》れ物となりて下されよ。それで事は巧《うま》くゆくようになりておるのじゃから、何も心配せんで良いぞ。

これから生きてゆく上で大切なことじゃ。皆と仲良うお暮らし下され。何事も愉《たの》しんでやりなされ。あっぱれ皆々喜びであるのじゃから、人民の善悪《ぜんあく》で決めて下さるなよ。みな分かっておらん事の方《ほう》が多いのであるから、素直《すなお》にいたすが一等ぞ。いつでも良いから、気が済《す》みたらお変わり下されよ。神、待ち遠しいのう。

神には、天罰《てんばつ》は無いのじゃぞ。地震《じしん》も雨風も皆々必要であるがゆえにあるのじゃ。天罰無いのが、真《まこと》の神の道。神憑《かみがか》りと見えぬ神憑《かみがか》り、◎《まこと》ぞ。神憑《かみがか》りとは、そなたに分からぬようにそなたを導《みちび》いておることを申しておるぞ。早合点《はやがてん》なされるなよ。奇跡《きせき》無いのが真《まこと》の奇跡。あらゆる方々、奇跡見せておるのは、皆々お役目であるからぞ。次《じ》元《げん》変わればどうなるか、新たな次元見せて下さっておるのじゃ。それぞれのお役目、皆々大切じゃが執着《しゅうちゃく》するでないぞ。執着とは、一つの見方だけで、事をくくるでないぞということじゃ。それぞれの道あるなれど、それぞれ皆々違《ちが》うのじゃから、言葉も世界も違うから、一つにくくるは苦しみを生むだけであるから、それぞれ違いを愉《たの》しみなさる心、◎《まこと》の神心《かみごころ》、大和《やまと》の心であるから、早《はよ》う元《もと》へ戻《もど》って来て下され。

元と申すは、元の元の元の大神へと向かって歩いて下されと言う意味じゃぞ。神々様も皆々大神の子であるぞ。大神いよいよお顕れとなりて、まあ何としたことか、神々様さえ知らぬ光出るから、どこまでもどこまでも限《かぎ》りなく弥栄《やさか》弥栄《いやさか》でありますこと、どれほど嬉《うれ》しいかお分かりになりますぞ。始まりは限りないのじゃ。終わりも限りないのじゃ。喜びは、与《あた》えよ。限りなくそなたに与えるぞ。与えられたら、ますます皆に与えて下され。ますます喜びとなりますぞ。限りなくどこまでもどこまでも、うれしうれしと充《み》ち満《み》ちて、神々と共にお暮らしなされ。神々殿も大神と共に、どこまでも限りないのじゃから、宇宙《うちゅう》は限りない生命《いのち》体でありますぞ。生命《いのち》とは、限りないのが真《まこと》のお姿《すがた》じゃ。一二三四五六七八《ひとふたみよいつむゆなや》九十《ここのたり》から、いよいよ、〇一二三四五六七八《むうひとふたみよいつむゆなや》九十《ここのたり》となったぞ。艮金神《うしとらのこんじん》うれしうれしと歌唄《うた》う。これみな愛に生きるものへの宝授《たからさず》けじゃ。これが、艮《うしとら》の真《まこと》の仕組みであるぞ。

食べ物、気つけよ。騙《だま》したカミ様からは騙した因果《いんが》がお顕《あらわ》れとなりますぞ。それぞれ食う物、出所《でどころ》、ようく見極《みきわ》めなされ。祀《まつ》るとは、喜びに溶《と》け入ることぞ。あい（愛、合、相）するとは、他《た》を喜ばせ頂《いただ》くことぞ。己《おのれ》にすることぞ。祀《まつ》り合わせ結構《けっこう》結構。靈はそのものの想念を頂いておるのじゃから、喜び頂けよ。喜び己となされよ。神世《かみよ》へ生きる一《はじめ》の行《ぎょう》であるぞ。

二〇〇七年二月三日　艮金神《うしとらのこんじん》

「み」の巻

これから申すことよくお聞き下され。これでもないあれでもないと、あっちにうろうろこっちにうろうろ、どこに行ってもうたかたじゃ。堂々巡《めぐ》りじゃ。真《まこと》分からんと訳《わけ》の分からん虫湧《わ》くぞ。イライラ虫じゃ。終《しま》いに何もかも壊《こわ》したくなってしもうて、己《おのれ》さえ失《な》くしてしまうぞ。これでもないあれでもない、何が真《まこと》かと申す人民多いなれど、それもこれもみな己の我《が》が邪魔《じゃま》しておるから、ますます訳《わけ》の分からんこととなるのじゃ。これと信じたら、付いてみよれ。己の選択《せんたく》じゃ。心の洗濯《せんたく》じゃ。身体《からだ》のお掃《そう》除《じ》でありますぞ。まだまだ皆々《みなみな》後ろ向きで歩いておるのう。前見て歩かんと危《あや》うい危うい。見てはおれんぞ。どれ、どこの誰《だれ》が何をしておるか、ようく見ておくぞ。それぞれの鏡《かがみ》に映《うつ》るから嘘《うそ》はつけんぞ。帳面も付けておくぞ。我《が》が邪魔しておるから、何もかも分からんことになって、失うもの多くなりておることまだ分からんか。

そなたは、考え過《す》ぎじゃぞ。考えれば考えるほど、欲溢《よくあふ》れて来るぞ。何が一番欲《ほ》しいか申してみよれ。それがそなたの繋《つな》がっておる世界じゃ。金《かね》欲しいか。土地欲しいか。何もかも皆々人民のもの無いと申しておろう。そなたらは、この神の中に生きておるのじゃ、歩いておるのじゃから、そなたらの物というもの、何一つ無いであろうに。まだまだ、お分かりになれんお方多いから、もう暫《しばら》く待たねばならんのう。それぞれ皆々、神の身体《からだ》貸《か》して学ばせて新し仕組み作らして、うれしうれしたのしたのしの世、与《あた》える計画なれど、皆々うれしうれしたのしたのしの世、まだ要《い》らんのかのう。要《い》らんと思う者、いよいよ無くいたすぞ。自《おの》ずと消えてしまうぞ。他《た》の星のお方、あまりに入《はい》り過《す》ぎておるから、ますますややこしいのう。どうじゃ、そなたらも無くいたすか。

神人《かみひと》みな分からん苦労さしておるが、分かる者には分かるようにもいたしておるから、仲良ういたされよ。何も心配無いから、これからますます皆々様、共に浄化《じょうか》なされ。神人《かみひと》とは、そなたであるぞ。唄《うた》うとは、うれしたのし生きることぞ。皆々神人《かみひと》となりなされよ。神とは、うれしたのし生かす仕組み。生命育《いのちはぐ》む仕組み。神は喜びぞ。大歓喜《だいかんき》ぞ。歓喜無いものみな無くしてしまうぞ。己《おのれ》で無くなってしまうのぞ。今を足場に喜び、感謝《かんしゃ》感謝で生きてみなされ。自《おの》ずと天国暮《ぐ》らしじゃ。皆、神を取り違《ちご》うておざるぞ。皆、神とは何か、分からんと思えば分からんのう。そなたは、何ゆえに生きておられるか。申してみよれ。何ゆえに、呼吸《こきゅう》しておるか。心臓《しんぞう》が動くのは何ゆえじゃ。医者も分からんのう。分からん者に聞いてもますます分からんのう。

どうじゃ、神の申すこと、聞いてくれぬか。神は、人には憑《かか》らんと申すお偉《えら》い殿《どの》。神は、そなたには憑《かか》れんのう。分からん者は分からんで良いのじゃ。素直《すなお》に聞くが一等であるぞ。靈人《れいじん》ともなるのぞ。何にでもなれるのが神でもあるぞ。木も石も、火も風も水も、皆々神の姿《すがた》ぞ。これで分かりたか。この方《ほう》、この地《ち》の親神《おやがみ》じゃ。そなたら長年無きものといたしておりた地の大神じゃ。驚《おどろ》くぞ。この地、皆々この方《ほう》の身体《からだ》じゃ。この方《ほう》、皆の身体《からだ》でもあるのじゃぞ。この方《ほう》、皆に身体《からだ》貸しておるのじゃ。何もかも貸しておるのじゃぞ。そなたの物、何一つ無いぞ。そなたの思いも、皆々大神の思いの中にあるぞ。大神は、この方《ほう》の親神でもあるのぞ。これが皆、隠《かく》しておいた秘文《ひふみ》でありたぞ。この方《ほう》、色々な神人《かみびと》遣《つこ》うて申しておるから、世界中現《あらわ》れておるぞ。変わるぞ。世は大きく変わるのぞ。魔物《まもの》、皆々この方《ほう》の子であるが、そろそろ大事なお役に変えねばならんから、心して下されよ。お役ご苦労でありたぞ。

石油、そなたも使《つこ》うておるが、この方《ほう》の血ぞ。水、この方《ほう》の体液《たいえき》ぞ。よくこれまで汚《よご》して下さったなあ。これでは、皆々共倒《ともだお》れになりてしまうぞ。苦しむのは分かりておろう。いつまで金《かね》にしがみついてなさるか。金もこの方《ほう》の身じゃ。要《い》らんものは無くいたすぞ。人遣《つこ》うて無くいたさすぞ。遣《つか》える人民まだまだ少ないから、早《はよ》うこの方《ほう》の足場となりてお働き下されよ。そのためには掃除《そうじ》して下され。汚れた家には人は呼《よ》べぬぞ。喜び無いぞ。分かりやすう説いておるのじゃから、そなたの都合のいいように早合点《はやがてん》なさるなよ。肝心《かんじん》ぞ。この方《ほう》、皆に変わって貰《もら》いとうてうずうずぞ。なかなか待つ身もご苦労ぞ。そなた、この方《ほう》の身《み》大事に掃除《そうじ》なさって迎《むか》えてくれぬか。用意出来た者から順に、靈人殿《れいじんどの》共にお働きさすから、神、お頼《たの》み申すぞ。親心、皆々お分かり下され。これからは、うれしたのしの世創《つく》る仕事、いくらでもあるのぞ。

古い教えはもう要《い》らんぞ。金《かね》、捨《す》てて下され。もう暫《しばら》くの辛抱《しんぼう》なれど、何十年もかからんぞ。その方《ほう》変わるには一秒あれば足るのぞ。どうじゃ、分かりたか。この神人《かみひと》、この方《ほう》の手足となりて、こうして書かせておるのは、皆に見せておるのぞ。この方《ほう》、いくらでも憑《かか》れるのじゃぞ。すべての者に憑《かか》れるのじゃぞ。これでも分からん者は、これからは苦しまんとならんぞ。神には罰《ばつ》は無いのじゃが、自《おの》ずと苦しむ仕組みであるから、百年続けて皆に伝えて来ておるぞ。これで分かりたか。この方《ほう》、皆に伝えてきておるのじゃぞ。それぞれこの神示《ふで》伝えなされ。筆《ふで》からパソコンに変わりたように世も変わるぞ。皆々進化いたすのじゃ。これも皆、仕組みじゃぞ。

どこまでも書くこと切り無いなれど、こうしてそなたの成長を見ておるのぞ。そなたもわしの大事な子じゃ。足元に気つけとは、地の神、この方《ほう》のことぞ。皆、足元から生まれ出て来たのじゃぞ。これ皆、嘘偽《うそいつわ》り無いであろうに。目醒《さ》ましなされ。無神《むしん》論《ろん》もじき淋《さび》しくなるぞ。靈《れい》、皆々靈であるぞ。分かりたか。身体《からだ》は、この方《ほう》の肉体分けて皆に貸《か》しておるのぞ。どうじゃ、分かりたか。一つ一つ分かったら皆々出直して、神憑《かか》れる容《い》れ物となりて、うれしうれしとお働き下されよ。まだまだ数が足りんぞ。神は今か今かと待ちておるぞ。神憑《かみがか》りとは喜び生きる神人《かみひと》じゃ。地の喜びの子じゃ。分かりたか。皆々お伝えなされ。金は要《い》らんぞ。ただでお伝えなされ。金取る宗教《しゅうきょう》、じきに終わるぞ。

二〇〇七年二月二十七日　艮金神《うしとらのこんじん》

「む」の巻

これから申すこと、世界中に伝えて下されよ。いよいよ、地《ち》、動いておるぞ。もう後《あと》には引かんぞ。この戦《いくさ》、いよいよ終わりの仕組み近づいたから、みな腰抜《こしぬ》かすお仕組みぞ。これからは、この筆《ふで》読まんと分からんこと多くなるぞ。一四一四《いよいよ》、いよいよじゃ。これらには、一つひねり入れてあるぞ。ようくお考えなされ。皆々《みなみな》、いよいよ始まっておるぞ。皆々、始めと終わり、ようくお読み下されよ。

あの日とこの日にある秘密《ひみつ》、隠《かく》したぞ。そして、生まれた御魂《みたま》が、この地じゃ。その子から、一人悪い子生まれたぞ。しかし、皆この子を可愛《かわい》がったから変わりたのじゃぞ。このようになりたのは、皆が愛する心を教えたからじゃ。それが、この世の

⦶《ハジメ》となるマコトの魔《ま》の仕組みでもあったぞ。どうして、そんな面倒《めんどう》をいたしたか申すなれば、みな改心いたすに必要なお仕組み、創《つく》らねばならんかったためであったのじゃぞ。寸分《すんぶん》も違《たが》わぬ神の仕組みじゃ。間違《まちが》いないのじゃぞ。一番初めに生まれた子が、悪い子であった。ゆえに、次は良い子であるぞ。その子が悪い子を正して、悪い子に変わったのじゃ。いわゆるどちらも悪い子じゃ。じゃが、どちらも良い子となったぞ。なぜだか分かるか。悪い子が悪い子に悪いと申さねば、良いも悪いも無くなったのじゃ。そして、その子らが産《う》んだ子もみな悪い子じゃ。いずれにしても悪い子なのじゃが、どうすれば良い子となるか親は考えたぞ。皆を愛することを教えることじゃ。教えねばいつまで経《た》っても我《わ》がままで、他《た》と仲良く出来ん。自分が良いと思うことしか受け入れん。ゆえにどこまで行っても共倒《ともだお》れとなりていたのぞ。

　そなたもそうであろうに。良い子となるには、愛すること教えてもらわねば、愛すること分からんのう。愛するとは相並《あいなら》んで歩むこと。皆と合い交えること。愛する子となるには、愛する人いなければなれんのぞ。ゆえに素直《すなお》に愛されてみよれ。神に愛されてみよれよ。愛するようになるぞ。人愛すれば人に愛され、獣《けもの》愛すれば獣《けもの》に、草木愛すれば草木が、そなたを愛するのじゃ。靈人《れいじん》愛すれば靈人殿《れいじんどの》に、神愛すれば神が、そなたを何倍も愛するのぞ。いつまで経《た》っても愛せねば何からも愛されん淋《さび》しい子となるのじゃが、そういつまでも一人ぼっちが好きな子は、いよいよ一人となるぞ。人も獣《けもの》も草木もいなくなるのぞ。

良いか。皆々良くお考え下され。愛されたいと願えば、愛されるが、妬《ねた》みも得るぞ。妬み得れば、腹《はら》も立つのぞ。腹立てば、揉《も》めごと増《ふ》えゆくぞ。今が真っ最中じゃ。愛されるには、愛すること正さねばならん。愛されたいから愛するのではならんのう。愛するにも色々あるのじゃぞ。そなたは、いつも他《た》に愛されたいから、己《おのれ》よく見せようといたしておるなれど、そうすればするほど己苦しむこと、まだ気づかんか。愛されたいと思うがゆえ、苦しむのじゃ。愛したいと思うがゆえ、嬉《うれ》しくなるのじゃ。無《む》償《しょう》で愛する人、そうなれたら神人《かみひと》ぞ。皆々神人《かみひと》と成りなされよ。神はいつもそなたの中で待ちておるぞ。共にうれしうれしたのしたのしと暮《く》らせるぞ。与《あた》えっぱなしじゃと申しておろう。そなたはたくさん神からもろうておるのに、不足申す輩《やから》じゃなあ。神は、そなたに何も望んでおらんぞ。

愛するとは、与えっぱなしぞ。真《まこと》の喜びぞ。分かりたか。愛すること出来ておらんと、まだまだ、もっと淋《さび》しくなるぞ。見返り求める商売上手《じょうず》な人民、まだまだ多いのう。いつまで商売いたせば気が済《す》むのかのう。切りないぞ。あってもあっても欲増《よくま》すだけぞ。苦しくなるぞ。あればあるほど苦しむ仕組み。一時《いっとき》一つになればそれで良し。なれん人民手放《てばな》せよ。手放せば摑《つか》めるぞ。摑んだら手放せよ。有りあまるほど持つと苦しむぞ。要《い》る物頂《いただ》けよ。充《み》たされよ。充たされたら残りは与えよ。感謝《かんしゃ》して無償で与えよ。与えたれば皆に伝えよ。伝えたれば、変われよ。変われたれば、笑ってお暮らし下されよ。何も恐《おそ》れる事無くなるぞ。今の日本、まだまだ先にゆくほど貧《まず》しくなって来るのじゃから、因果《いんが》だけ苦しめよ。皆で学んで下され。何大切か、身体《からだ》で学んで下され。とことん学んだら嬉しくなるぞ。みな大切に出来る真《まこと》の民《たみ》に戻《もど》れるぞ。いよいよ始まっておるから喜んで苦しんで下されよ。

中国《なかのくに》、淋《さび》しくなるぞ。人民荒《あ》れるぞ。世界荒れるぞ。日本《ひのもと》、いよいよ無くして摑《つか》む時来るぞ。真《まこと》、お摑み下され。ひふみありがたくなって来たら、ゝ⃝《まこと》見えてきた証拠《しょうこ》じゃ。いよいよじゃ。正《まさ》しくうれしうれしとなって来た。あっぱれ☼《ひ》が差《さ》し込《こ》めておるぞ。手放《てばな》せよ。自分から手放せよ。嬉《うれ》しくなるぞ。変われるぞ。変われたなら楽に生きれるぞ。どうじゃ、そなた手放せるかのう。人民いよいよふるいに掛《か》けるぞ。死して救われる人、生かして救われる人、色々じゃ。そなた、縁《えん》あるゆえにここへ参りておること分かるかのう。

ひふみよいむなやこと。あやわやわ。うるうるう。おろおろお。

この言《こと》、愛する日にいたすこと、申しておるぞ。

二〇〇七年四月四日　天《あめ》の日月《ひつき》の神　艮金神《うしとらのこんじん》

「め」の巻

皆々《みなみな》いずれ分かると申しておるであろうが。いずれ分かるとは、そなたが何者であるかということぞ。何もかも明らかとなりて、うれしうれしたのしたのしじゃなあ。これは皆これまで隠《かく》してありたことゆえ、申すにはそれだけの歳月《とき》が必要でありた。その時期《とき》来ておるゆえに申すのじゃが、その言《こと》、毒となる人民まだ多いゆえ、分かる者には分かるようにいたしておること、ご理解《りかい》下されよ。

信じる、信じぬ、いずれも因果《いんが》じゃ。そなたの御魂相応《みたまそうおう》のことより理解出来ん道理じゃぞ。理解出来んゆえに認《みと》めん、邪教《じゃきょう》じゃ、と申す人民、そなたが分からぬのは、いつもそうやって駄々《だだ》をこねてばかりおるゆえ、いつまで経《た》っても分からんのじゃぞ。

草木は花をつけんのじゃぞ。花咲《さ》かすには、咲きたくなる思いが元《もと》と中しておろう。何もかも元《もと》正さねば、真《まこと》の花は咲かんのじゃぞ。真《まこと》の花、どれほど美しくてどれほどありがたいか。早《はよ》う艮金神《うしとらのこんじん》拝《おが》めよ。狭《せま》くて小さい神様に囚《とら》われておいでじゃ。何も無いところに生命《いのち》は芽生《めば》えんのぞ。

これから生まれ来る子は、皆々親より智《ち》高き方《かた》ばかりぞ。子にお教え頂《いただ》けよ。皆々大人は子に頭下げて学びなされ。目に見えることばかり信じておる人民、これからは己《おのれ》の子にお教え頂けよ。

靈《れい》が先ぞ。肉体は、靈の容《い》れ物。靈無ければ、肉体無いのじゃぞ。これ分かれば、一つ進んだこと。続いては、靈は己ぞ。皆々、靈ぞ。これ分かれば皆と仲良くなれる元《はじめ》となる。獣《けもの》、草木、虫けら、皆々靈ぞ。そなたら生きてゆくに必要な世界作っておる、大事な役目貰《もら》っておる命ぞ。人は、ただただ皆に感謝《かんしゃ》いたし、うれしうれしとお暮《く》らし下されよ。何もかも皆々ありがたいのじゃから、粗末《そまつ》にいたすなよ。みな今まで大きな勘違《かんちが》いいたしておったのじゃ。そのことお分かりになったら、靈、人、共に生きることとなるぞ。

神は、そなたら愛《いと》しく思う親じゃ。生命《いのち》育《はぐく》むお役目いたす命そのものぞ。どうじゃ、分かりたか。幼子《おさなご》に聞かすよう申しておるは、そなたら皆々赤子《あかご》となりゆく初めとなるゆえ、手放《てばな》しいたして赤子《あかご》となりて、親元へ参りなされ。素直《すなお》にお聞き下され。

世は大きく変わったぞ。目に見えてこれより変わりて来るぞ。皆々うれしうれしたのしたのしとなりて、歌唄《うた》いなされ。これから難《なん》なく暮らせるありがたいみろくの世となったぞ。いつまでもしがみついておられるなよ。手放《てばな》せば嬉《うれ》しくなるのじゃぞ。皆と仲良うしなされ。一人では何も出来ん。嬉しくならんのう。一人二人三人と友を作りなされ。己、広がるぞ。友とは、己であるぞ。鏡《かがみ》であるぞ。皆々友となれる御魂《みたま》ばかりじゃ。草木、虫けら、友となれるぞ。獣《けもの》皆々仲良ういたされ。殺すでないぞ。食うでないぞ。殺すと己殺すことと同様ぞ。どうじゃ、仲良う出来るかのう。それぞれ皆々うれしたのし成りなる◯《ひ》⊕《ふ》⊛《み》。相手を己と思いなされよ。どこまでも鏡じゃぞ。己じゃぞ。愛しなされ。感謝しなされ。それが出来たら、神人《かみひと》じゃ。神は喜びじゃ。

喜び生きる◎人《かみひと》じゃ。それが出来たら、この世すべて皆にお任《まか》せいたし、大神は隠居《いんきょ》暮《ぐ》らしぞ。いよいよあっぱれあっぱれ、◉神世《まことかみよ》のお映《うつ》しぞ。

うれしうれしたのしたのしまたうれしまたうれしまたうれし。

ひふみよいむなやここのたり。

うるうるうおろおろおここのたり。

ひふみよいむなやここのたり。

うれしうれしたのしたのし生きる喜びぞ。

素盞嗚《すさなるの》大神《おおかみ》分《わけ》御靈《みたま》、大神うれしうれしたのしたのしとなった。

二〇〇七年四月二十八日　大《おお》日《ひ》月《つ》地《く》大神《おおかみ》　うれしうれしたのしたのしぞ。

「も」の巻

これからは、皆々《みなみな》よく聞いて動いてゆかねばならんぞ。どれでも彼《かれ》でも何でも良いわけにはゆかぬのじゃぞ。と申すのは、それぞれみな役割《やくわり》決めてあるのに、それに不服申すもの多いから、ややこしくなるのじゃぞ。じゃが、それもひとまず狂言《きょうげん》じゃ。誰《だれ》でも何でも出来る訳《わけ》ではないのじゃから、みな一通り理解《りかい》なされば、自《おの》ずと器《うつわ》に見合った仕事、結構《けっこう》にいたすこととなるのじゃぞ。それ出来ればうれしたのしと成りなりて、皆と仲良う進めるから、ますますたのしたのしじゃなあ。一切《いっさい》の者と手繋《つな》げる人民でなければ、これから先へは進めんぞ。

己《おのれ》、力見せつけておる輩《やから》ばかりじゃなあ。何でもかんでも見せておっては、味も無くなるぞ。それは、見せつけておるということ、まだ分からんか。力の競《きそ》い合い、可《か》愛《わい》い可愛《かわい》い。そなたら相撲《すもう》でも将棋《しょうぎ》でもいたしておりなされ。どこまでも頭下げて歩む人民には、特別な念力《ねんりき》も要《い》らんぞ。うれしうれしたのしたのし、日々吉事《ひびよごと》に精《せい》出せますのじゃぞ。何もかも、目に見える奇跡《きせき》見せておっては、進み具合がなかなかじゃ。ますます怪《あや》しくなるぞ。それぞれ、みな仲良う楽しんで下され。何も無いのが奇跡ぞ。うれしうれしたのしたのし暮《く》らせれば、そなたが奇跡ぞ。皆、そなたも同様ぞ。あれもこれも皆々どんなこと言っても、なかなか狂言《きょうげん》ばかりで口ばかりじゃのう。己《おのれ》出来ぬのに口ばかりの輩《やから》では立て替《か》え出来んぞ。皆に頭下げて感謝《かんしゃ》感謝にお暮らし下され。どこまでも何もかもに感謝なされ。他《た》は己ぞ。己が鏡《かがみ》となってお顕《あらわ》れぞ。うれしたのしとなりたら、己《おのれ》天国におるぞ。怒《おこ》り虫多ければ、自《おの》ずと戦《いくさ》好む獣《けもの》じゃのう。取り合い殺し合い、どこまでも切り無いのう。

どうじゃ、そなたの鏡曇《くも》りておること、これでお分かりか。皆に申しておるのじゃぞ。そなたらの心のままに、世は映《うつ》るのぞ。これ例えで無いのじゃぞ。目に見えぬものは信じんと申すお偉《えら》い殿《どの》。そなたは何者か申してみよれ。どこから来たかようく考えてみよれ。そなたの身体《からだ》、この方《ほう》の耳垢《みみあか》ほども無いのじゃが、お前さんに貸《か》しておる肉体じゃ。お考え下されよ。そなた自身、目に見えん存在《そんざい》ぞ。分かりたか。目に見えるものは皆々、目に見えぬ所から出てきて形となるのじゃ。目に見えておるのはすべて、結果であり過去《かこ》の残像《ざんぞう》じゃ。そなたらが思い描《えが》いた世界が、自《おの》ずと形となるのじゃ。どんな世界思い描くか、おのおのようくお考え下され。金《かね》、欲《ほ》しいか。何、欲しいか。家も金も土地も、皆々この方《ほう》の身体《からだ》じゃ。いつまで己のものと申して殺すのじゃ。そろそろ、みな一気《いっき》にケリつけさすぞ。脅《おど》しでないぞ。それぞれの御魂相応《みたまそうおう》になるから申しておくぞ。卍《ほとけ》の世は終わりたのじゃ。方便の世は、終わっておるのじゃぞ。脅《おど》しでないぞ。何でも許《ゆる》される世は終わりたのじゃ。それぞれの因果《いんが》だけの◎《メグリ》、きっちりお支払い下されよ。苦しめば苦しむほど、それまでの苦⃝《メグリ》取って頂《いただ》いておると思いなされ。

うれしうれしたのしたのしとなりたら、これまでの苦《く》の花咲《さ》いたと思いなされ。いずれにしてもうれしたのしじゃなあ。あっぱれこの世は神世《かみよ》となりておるのじゃから、魔物《まもの》の好き勝手の出来ん、改心の世となっておるのじゃぞ。魔物いつまで人間に憑《つ》いておるか。それぞれの好き勝手、もう良いではないか。改心した者から新しいお役授《さず》けるぞ。出遅《でおく》れた者、いよいよ無くいたすぞ。これほど申して聞かん者は、草木の肥《こ》やしといたすぞ。初めから出直せよ。御魂《みたま》の出直し、いよいよ粕《かす》となるぞ。神々殿でも分からんこのお仕組み、いよいよ人に分かるはずも無かろうに。我《われ》こそはと申す輩《やから》、いつまで申しておるか。そなたの化けの皮、いよいよ剝《は》げ落ちるから、早《はよ》う改心せねば、恥《はずか》しい思いいせねばならんぞ。

この方《ほう》、艮金神《うしとらのこんじん》。逃《に》げも隠《かく》れも出来んぞ。すべてを変えますのじゃぞ。靈人《れいじん》、魔物、いよいよ神に刃向《はむ》かってみよれよ。どこまで出来るか、見ものぞ。己《おのれ》の弱さ知る時、お与《あた》えいたしますぞ。それで改心出来ぬのであれば、いよいよじゃなあ。悔《く》い残らんようにかかりて来なされ。どれほど大きい神か分かるぞ。そなたどれほど小さいかお分かりになるぞ。いよいよ、始めますぞ。どれ、どこの誰《だれ》が何しておるか見ておくぞ。それぞれ皆々恐《おそ》れ教えるぞ。ありがたく神の怖《こわ》さ知りなされ。

お役、それぞれのお役じゃ。雨にも風にも雷《かみなり》、地震《じしん》にもなるのじゃぞ。地《ち》の大神、大忙《おおいそが》しじゃなあ。どれほどご活動なさるかは、そなたらの改心次第《しだい》じゃ。これ皆、艮金神《うしとらのこんじん》のお働きでありますぞ。いよいよこの神、顕《あらわ》れるぞ。分かりた者、うれしたのしとお蔭《かげ》落とさんよう、おのおののお役仕《つか》えまつろうて下されよ。いよいよ、一四《いよ》一四《いよ》、一一一ぞ。はじめの顕れ、巌《いわ》の神であるぞ。次が風の神、そして雨の神、地震の神、大地震《おおじしん》の神と成りなりて、荒《あれ》の神お顕れぞ。御魂相応《みたまそうおう》に受け取りなされよ。艮金神《うしとらのこんじん》、うゐのおくやまけふこえてあさきゆめみしゑひもせすん。

これから、神人《かみひと》共に在《あ》る。縁《えん》ある者だけに伝えなされ。これ、分かる者だけに伝えなされ。それで十分こと足りるのぞ。世界の臣民いよいよお移《うつ》りいたすぞ。この方《ほう》、分御靈《わけみたま》となりてのご活動じゃ。身魂磨《みたまみが》き結構結構。いよいよ移りますぞ。磨けた人民、しかとお役いたされよ。どこまでも感謝の涙《なみだ》でうれしうれしたのしたのし唄《うた》うぞ。卒業いたされ新たな充《み》ち満《み》つお役に光るぞ。

宇宙《うちゅう》の御魂殿《みたまどの》、それぞれ見ていなされ、そなたらの御魂《みたま》同様じゃ。それぞれの御魂《みたま》の代表じゃ。どれだけ皆と仲良う出来るようになりたか、愉《たの》しみじゃのう。この星におる者たち、皆それぞれの星からの移住者《いじゅうしゃ》ばかり。宇宙の雛型《ひながた》であるこの星に、そなたら掻《か》き集め練《ね》り上げて、また元《もと》に戻《もど》す仕組み。ゆえに、どこまでそれぞれが改心いたし学べたかが、それぞれの星のゆく末でもあるぞ。誰《だれ》一人とて、同じ星の者はおらんのぞ。縁《えん》ある星はあれども、同じ星の御魂《みたま》はおらんのが、この方《ほう》が創《つく》りた、世の元からのお仕組みじゃ。どうじゃ分かりたか。この⊛《ほし》見ておる御魂《みたま》らよ、そなたらの思いも違《ちご》うておろうに。これが、一二三《はじめ》の仕組み。いよいよ面白《おもしろ》くなるぞ。ひっくり返るぞ。お偉《えら》い殿《どの》、みな腰抜《こしぬ》かすぞ。今に見ていなされよ。

数《かぞ》え歌、みな唄《うた》いなされ。一二三四五六七八九十《ひとふたみよいつむゆななやここのたり》。何度も唄いなされ。ひとふたみよいつむゆななやここのたり。それぞれいよいよ変わりますぞ。騙《だま》されてみなされ。騙されること出来る御魂《みたま》のみ分かる仕組みじゃ。うれしたのしと楽しんで唄いなされ。おのおのに唄いなされ。音靈《おとたま》の仕組みじゃ。言靈《ことたま》の仕組みともなるぞ。

みな初めが肝心《かんじん》であるぞ。カンジンであるぞ。神人《かんじん》であるぞ。百千万《ももちよろず》となりますぞ。ももちよろずでありますぞ。これが分かれば◎霊人《かみひと》じゃ。愉《たの》しいなあ愉しいなあ。うれしたのしとお変わりなさるお仕組みじゃぞ。あなさやけあなすがすがし、艮金神《うしとらのこんじん》お顕《あらわ》れじゃ。

二〇〇七年五月十五日　天《あめ》の日月《ひつき》の神　艮金神《うしとらのこんじん》　ひふみよい、唄いなされ。

「や」の巻

これまでのこと、いかにして申せばよいか、おのおのに伝えて参りたなれど、どれほど曇《くも》り酷《ひど》いか、分かりてきたであろうに。皆々《みなみな》うれしたのし生きるには、それ相応《そうおう》の磨《みが》きが必要であろう。磨くには、磨く氣《き》が必要であろう。その氣《き》、無くなっておるのが今であるのじゃ。その氣《き》まで無くしてしもうておるのが、そなたらの因縁《いんねん》であるのじゃ。ゆえに、変えようと思っても変わらんであろうに。皆々我《が》の強い御魂《みたま》ばかり、よくまあここまで大きくなりたものじゃのう。己《おのれ》、自分で生きておると思うてか。良いか。そなたらには、身体《からだ》を貸《か》して学ばせておるのじゃ。まだ分からぬか。そなたらは、皆々学びの靈《れい》じゃ。靈として生き、生まれ変わり練《ね》り直し、喜び与《あた》えておるのじゃ。神も無き者として、魔物《まもの》の容《い》れ物となりておる人民ばかり。早《はよ》う目醒《さ》まされよ。我《われ》は巫女《みこ》じゃ。我は神の遣《つか》いじゃと申しておるが、神の神子《みこ》すべてであろうに。己ばかり特別じゃと申すもの、誰《だれ》一人としておらんのじゃぞ。大神の眼から見れば、すべてが可愛《かわい》い子じゃ。力、そなた自分で持っていると思うたら無くなるぞ。いつでもお役替《か》えられますのじゃ。良いか。皆々大切お役頂《いただ》いておるのじゃが、まだ目覚《めざ》めん人民には、何が何だかまださっぱり分かるまいに。

　神とは、そなたらに見当とれん存在《そんざい》なれど、分かるように申すならば、目に見える存在である日《ひ》、月《つき》、地《ち》ぞ。ゆえにまずは足元に気つけと申しておったのじゃ。そなたら、唾吐《つばは》き捨《す》てておった地そのものが神のご神体《しんたい》ぞ。我《われ》の物じゃと奪《うば》いおうておった地が、この方《ほう》のお身体《からだ》であるぞ。どうじゃ、この方《ほう》、そなたの物か。そなたの物というもの何一つ無いぞ。人民勝手に己の物と決めておること、まだ分からんか。要《い》らん決め事、いよいよ無くいたすぞ。魔物、どこまで行っても、親には勝てんぞ。善悪《ぜんあく》戦わして、いよいよ一つに練り合わすぞ。いよいよ動いておろうがな。いつまでも人民可愛《かわい》さに我慢《がまん》も限界《げんかい》に来ておるから、激《はげ》しくなってきておるのじゃぞ。大難《だいなん》を小難《しょうなん》にいたして、一人でも多く救いたいなれど、もう後《あと》には引けん所に来て激《はげ》しさ増《ま》すから、食うことも出来なくなって参るから、それぞれ覚悟《かくご》いたして、これからの大峠《おおとうげ》越《こ》せるようにようく堪《こら》えて下されよ。

次の世は、真光《まこと》に包まれた見事な世ぞ。何もかも、皆うれしたのしと楽に暮《く》らせる、うれしうれしたのしたのしの世ぞ。何でもただで取らすから、争うこと無いから、自《おの》ずと皆のため働き、仲良う暮らすこと出来るから、皆々そのこと待っていて下されよ。じゃが、ひとまずふるいに掛《か》けることとなりますぞ。ふるいに掛けるとは、身魂《みたま》磨《みが》けた者だけ残るようにいたすという事であり、魔物はいよいよ消えてしまうということでもあるぞ。念で話す世となるゆえに嘘《うそ》はつけんのじゃから、いよいよ真《まこと》の姿《すがた》が見え透《す》くのじゃぞ。それぞれ守護霊《しゅごれい》様方も見透《みとお》しぞ。それぞれの想念界《そうねんかい》も見透《みとお》しとなるのじゃから、魔物は住めん道理じゃな。磨けた人民うれしたのし、磨けん人民恥《はずか》しなりて、表《おもて》に出て来れんようになるぞ。いよいよ神と獣《けもの》とに分かれると申すぞ。神とは、うれしたのし生きる人民のこと。神靈人《かみひと》共に暮らすのじゃから、地《ち》の神となるのぞ。獣《けもの》とは、真《まこと》の進化出来ぬ人の事を申すぞ。獣《けもの》と同様、奪《うば》い合い殺し合う者を言うぞ。

それぞれに神、靈、共に歩む仕組みとは、おのおのが真《まこと》の姿を知る事となりて、本来のお役目に喜び仕《つか》え奉《まつ》ること申すぞ。いよいよとは、1414、一四一四である。5と5じゃ。五と五じゃ。五の意味、お分かり下されよ。真《まこと》の秘密《ひみつ》、いよいよじゃ。それ、⊕《あい》する御魂《みたま》、お役となる。┼◯《あい》する意味、学びなされよ。それぞれに意味あるぞ。ひふみ、喜びぞ。真《まこと》、まことぞ。いろは、みことぞ。みこと、命《みこと》ぞ。尊《みこと》、三言《みこと》であるぞ。それぞれに学ばせておるから、八通《やとお》りに読めるのであるのじゃ。難《むずか》しくお考えなさるなよ。心で読みて下されよ。何度も何度も読みて下されよ。うれしたのしと声出して、皆に聞かせるようにお読み下され。皆にとは、靈、神、大神に向けて、お役下されと申すのぞ。素直《すなお》、一等じゃ。何でも素直一等じゃ。素《す》、直《なお》、一《いっ》、十《とう》、じゃぞ。分かりたか。これ艮金神《うしとらのこんじん》申す、うれしうれし言葉であった。

「は」の巻《まき》。みなに映《うつ》せよ。何ゆえか分かる時来るから、怖《おそ》れ生むでないぞ。

　これは皆に伝えねばならん神示《ふで》であるが、無理に伝える神示《ふで》ではないぞ。良いか。皆とは、縁《えん》ある者に伝えるために降《お》ろさせておるのじゃ。読んで毒となる人民多いから、読ませんで良いぞ。読ませんほうが良い場合もあるから申すぞ。読めるそなたらは、それだけ因縁《いんねん》ある御魂《みたま》と思いなされよ。それだけのお働きなされ。いよいよぞ。荒《あれ》の神動けば、この神示《ふで》も読めんようになるゆえ、しっかり腹《はら》に入れて下されよ。おのおのが神示《ふで》となりて、皆をうれしうれしたのしたのしと、灯《あか》り燈《とも》して前歩いて下されよ。いよいよぞ。神人《かみひと》、これからは皆に伝える時期来たから、表《おもて》に出て参るぞ。良いか。これからは表に出て、これ、一二三《ひふみ》申せ。良いか。では、新しお役であるぞ。⊕《あい》するお役と伝えるお役じゃ。お伝え下されよ。これからは、皆々手取りおうて仲良うお進みなされ。これが、真《まこと》のひふみ一厘《いちりん》、はじめの仕組みじゃ。いよいよじゃぞ。

　オロシヤもそろそろ大きく動くぞ。覚悟《かくご》いたせよ。食う物貯《たくわ》えよ。無くなってゆくぞ。自分らで産《う》めよ。皆で作れよ。まだまだ雨も風も吹くから、食う物作りなされ。

一から二、三と踏《ふ》み始めが肝心《かんじん》じゃ。生きていること、喜べよ。生かされておるのは、生きてお役目いたすことあるゆえぞ。己《おのれ》、お役に励《はげ》めよ。

二〇〇七年六月一日　艮金神《うしとらのこんじん》　うるうしおくの中今《なかいま》じゃ。

「ゆ」の巻

皆々弥栄《みなみなやさか》ましませ弥栄《いやさか》ましませ。これからのこと書き記《しる》すぞ。

皆々いよいよ◎《まこと》何かが見え透《す》き、道はっきりと分かる時となりましたこと、皆《みな》それぞれにうれしたのしでありますのじゃぞ。それぞれに与《あた》えられておるお役目させて頂《いただ》けますことが、真《まこと》の喜びでありますのじゃぞ。要《い》らんという人民一人もおらんのじゃ。じゃと申して、使いものにならん人民要《い》らんのじゃ。分かりましたかのう。人民、己《おのれ》が決めて歩むことじゃ。無理やり水飲まされん道理じゃのう。赤子《あかご》となれよ。素直《すなお》に申したこと聞いて、うれしたのしで進まれよ。出来る人民、何事も楽しんで峠越《とうげこ》せますぞ。祀《まつ》り祭りで日々《ひび》喜び勇んで峠越《とうげこ》せますのじゃ。

奪《うば》い合い殺し合いする人民、自《おの》ずと共倒《ともだお》れいたし無くなるのじゃ。今の世の仕組み、みな無くなるぞ。人民が変えますのじゃ。神々、靈人《れいじん》、人民、共に一つとなりて、神《かみ》靈人《ひと》となりて、仕組み新しくいたして参るのじゃから、いつまでも古いお考えを引きずりなさって下さるなよ。新し世は、生むものぞ。作るものぞ。人民が育《はぐく》むものぞ。これからお考えいたし創《つく》るのが、新し世の姿《すがた》じゃ。今見ておる世は、過去《かこ》のお考えいたされた結果じゃ。いつまでも過去に囚《とら》われ下さるなよ。何もかもが変わりますのじゃぞ。常識《じょうしき》が変わりますのじゃ。髪《かみ》の毛一本も作れん人民の科学では、新し世は立て直せんぞ。神の科学、素晴《すば》らしいぞ。山、川、海、雨、風、皆々神の科学じゃ。どうじゃ、人民に起こせまいに。人民素直《すなお》に伺《うかが》いお役頂くだけで、スラリスラリと上手《うま》くゆくようになりておるのに、何ゆえ素直に聞かんのか。

神が何者であるか。靈が何者か。人、何者か。一つ一つ⦿《まこと》知る時来たぞ。ゆえに真《まこと》申さん宗教《しゅうきょう》、科学も無くなるのじゃ。偽物《にせもの》は無くなるぞ。誠《まこと》うれしうれしたのし、生かされましますゆ世となるのじゃぞ。ゝ《まこと》人民失っておりたゆえこのありよう、もうどうにもなるまい。ゝ拝《かみおが》まねば何も出来まい。人民、謝《あやま》りなされ。真《まこと》生き方求めなされ。自由、無いのじゃ。悪《あく》自由、今のありよう生み出したのぞ。どうじゃ、まだ足らぬか。好き放題いたすか。己《おのれ》、死ぬまで好き放題するか。人民よ、早《はよ》う目覚《めざ》めよ。いよいよ大変わりいたすぞ。苦しむなよ。喜びお変わりなされよ。神、お頼《たの》み申すのぞ。身体《からだ》、大事になされ。己の物で無いぞ。友、作れ。人も獣《けもの》、虫けら、草木、おのおの御魂《みたま》あるのじゃ。大事な御用《ごよう》持ちて生まれておるのじゃ。人民、もう殺すでないぞ。壊《こわ》すでないぞ。草木無くなれば、みな死ぬぞ。獣《けもの》無くなれば、淋《さび》しくなるぞ。目に見えん虫、分からん病《やまい》流行《はや》るぞ。食べ物いよいよ無くなるぞ。一〇〇日雨降《ふ》るぞ。一〇〇日日照《ひで》りとなるぞ。一〇〇日食うや飲まずとならんよういたされよ。いよいよ、そなたら因縁《いんねん》だけのことせねばならん時となりたぞ。反省させてもらえる時、頂けたのじゃ。うれしたのしじゃな。⦿《まこと》学ばせて頂ける時、頂けたのじゃ。金要《かねい》らん世となるのじゃ。どうじゃ。これで分かりたかのう。

神とは、因縁学ばせるうれしたのし怖《こわ》い怖い生命育《いのちはぐく》むお仕組みぞ。靈人《れいじん》、いつまでも神じゃと申して、好き勝手いたされるなよ。ややこしいこと、もう要《い》らんぞ。そなたらも、それだけの因縁解消《かいしょう》いたさねば苦しむぞ。そなたらの世界も変わりておろうに。元々《もともと》無い世界、元に戻《もど》すのじゃ。要《い》らん念で、もの生みなさるなよ。あとの掃除《そうじ》大変でありますぞ。厳《きび》しく映《うつ》るお方、それだけ身魂《みたま》曇《くも》りておるのじゃ。この神示《ふで》紛《まが》い物と申し、好き放題申すお方、それぞれ己の因果《いんが》に苦しみ、掃除洗濯《せんたく》させて頂けますぞ。吐《は》き出せよ。己の汚《よご》れ吐き出せよ。どこまでも己綺麗《きれい》になるまで改心なされ。気が済《す》んだら笑えよ。感謝《かんしゃ》して頭下げて参れ。いつでも待ちておるぞ。魔物《まもの》となりておる人民、皆々どこまでもこの神苦しめるぞ。とことんまで苦しめて改心させるぞ。これがこの方《ほう》の愛じゃ。どこまでも苦しめて泣かせ笑わせますぞ。

いつまでも古いしきたり要《い》らんぞ。何もかもただで暮《く》らせるぞ。うれしたのしと暮らせるぞ。真《まこと》の日月《ひつき》の民《たみ》となりて、地に喜び暮らす神人《かみひと》となるぞ。これ一二三《ひふみ》、真《まこと》のはじめ。いよいよじゃな。一一一じゃな。始まり始まり。笑いお暮らし下されよ。

天《あめ》の日月《ひつき》の神、いよいよ終わり近づくぞ。縁《えん》ある者、笑い集《つど》いお暮らし下され。助けおうて、田畑耕《たがや》せ。天地《あめつち》に生きて下されよ。

二〇〇七年六月六日　天《あめ》の日月《ひつき》の神　艮金神《うしとらのこんじん》　うるうしのはじまり。

「よ」の巻

苦しむなよ。それぞれの想念《そうねん》に応《おう》じた答えが出て参るのじゃから、それぞれのゆき方があるのじゃから、合わせねばならんことはないのじゃぞ。これからは、それぞれ因果《いんが》だけ現《あらわ》れ、うれしうれしたのしたのしとなるのじゃから、映《うつ》しの世という意味、人民も分かるようになるぞ。そなた、これでなるほどなあと分かりているであろう。どうしてこうなっているのか。皆々《みなみな》因果じゃ。新たな因《いん》を生めば、新たな果《か》となる。どうにでも変えられるのぞ。これ分かれば、うれしうれしたのしたのしこわいこわいお仕組みであること、分かるであろうに。

何ゆえ素直《すなお》に人民なさらんか。⦿《まこと》理解《りかい》しておらんゆえにであるのぞ。靈《れい》も無い、神は都合の良い小使いと思うておるからぞ。そういう教えも想念界も無くなるぞ。恥《はずか》しくて表立《おもてだ》って言えんようになりますぞ。宗教《しゅうきょう》も無宗教も⦿《まこと》分かりておらん者、みな海に沈《しず》みますぞ。海も浄《きよ》めの力、今は弱まっておるが、いよいよとなりたら、どんでん返しあるから怖《おそ》れるでないぞ。どこまでも世の変わり、うれしたのしでお過《す》ごし下されよ。それだけの働きいたして進みなされよ。

見物人は黙《だま》って大人《おとな》しく見ていなされ。何もせず、ただ見ておるがよいぞ。何もせぬ人民、いよいよ恥《はずか》しくなるぞ。どこまでも真《まこと》の阿呆結構《あほうけっこう》ぞ。罵《ののし》られようが笑われようが、そなたこの道歩むこと、うれしたのしであるぞ。何も怖れず、素直に参られよ。世が開《あ》けれぱ間違《まちが》い申しておらなかったこと、いずれ分かるゆえに、このまま歩まれよ。怖れは怖れ生むゆえに、この神と話いたして参れよ。靈はもう良いぞ。靈憑《れいがか》りは疲《つか》れるだけじゃ。それぞれのお役、何も靈憑《れいがか》りいたして人民の機嫌《きげん》取りなさらんでも良いぞ。そなた、そなたのお役目いたし結構結構。誰《だれ》に分からんお役目ご苦労ぞ。進めよ。それで良いぞ。

笑え笑え、笑う門《かど》に福来《きた》る。笑え笑え。そうじゃ。どこまでも今生《こんじょう》にあるそなた映《うつ》し、笑いなされ。何もかもすっくり変えてしまうこの仕組み、どれだけ嬉《うれ》しいか分かりて参るぞ。まだ分からんであろうが、分からん者は分からんであるゆえ、親の言うこと素直に聞ける子、難《なん》なく苦しまんでお変わりなされますぞ。

科学科学と人民の科学、もう役に立たんぞ。未《いま》だに変われん人民の科学は、他《た》の星の方々がお与《あた》えなさったものなれど、いずれは皆々分かるであろうなれど、それぞれの御魂寄《みたまよ》せ集め、真《まこと》の学びさせておるのじゃから、このこと理解すれば、この地《ち》は宇《う》宙《ちゅう》の雛型《ひながた》であること、自《おの》ずと良く分かるぞ。それぞれの因果《いんが》も集約いたし見せておるのじゃぞ。宇宙の民《たみ》らよ、良く見なされよ。聞きなされよ。そなたらの星、何ゆえそうなりたか理解せよ。この星、我《われ》の物とお考えなれば、ますます慢心《まんしん》大きくなりて、自滅《じめつ》いたすゆえ気をつけなされよ。御魂相応《みたまそうおう》にそれぞれ分けるから、間違いない仕組みであるから、末代《まつだい》変わらぬ順つけて、それなり御魂《みたま》相応のお役付けて、新しい礎《いしずえ》といたすから心得なされよ。

大神には、分け隔《へだ》て無いのじゃが、区別いたさねば何事もまとめられん道理じゃのう。そなた、悪《あく》自由に凝《こ》り固まっておるゆえに、好き勝手生きることこそが真《まこと》の喜びであると、まだ思い込《こ》んでおるなれど、よく見てみなされ、皆々因果《いんが》であろうに。息苦しくなりて、みな苦しんでおろうに、まだ分からんか。真《まこと》の自由とは、大歓喜《だいかんき》へと向かうことのみでありますぞ。喜びとは、神へと導《みちび》かれゆくことでありますぞ。神とは、本体は喜びそのもの。そなたらの生みの親でありますぞ。親に抱《いだ》かれて、うれしうれしたのしたのしと暮《く》らすこと、真《まこと》の喜びでありますぞ。ゆえに、もうしてならんということ分かりたなら、〽腹《まことはら》に据《す》え、今生《こんじょう》を真《まこと》に生きて下されよ。

環境破壊《かんきょうはかい》とは、神を無きものといたした因果じゃのう。親苦しめならんぞ。人民よ、目覚《めざ》めたか。この者遣《つこ》うて申しておること、いつまでも偽物《にせもの》じゃ、憑《つ》き物じゃ、作り話じゃと申すお偉《えら》い方々まだまだ多いなれど、いよいよ神人表出《かみひとおもて》て〽《まこと》伝えてゆくゆえに、縁《えん》ある者集《つど》って下されよ。何も心配せず、伝えて参れ。どこまでも阿呆《あほう》になりて、この道伝えて下されよ。褒美《ほうび》やるぞ。苦しむなよ。愉《たの》しめよ。それぞれの思いある、ゆえにそれぞれぞ。何も怖《おそ》れず、このままゆかれよ。唄《うた》いなされ。伝えなされ。皆々集まるぞ。

この方《ほう》申すこと、ちっとも狂《くる》い無いぞ。何も淋《さび》しくないぞ。皆々常《つね》にお前さんとおるぞ。人民、分かる御魂《みたま》、手助けいたして下さるぞ。縁ある御魂《みたま》、引き寄せておるから大丈夫《だいじょうぶ》じゃ。どこまでも己《おのれ》捨《す》てて生きて下され。隠《かく》さず、この道表《おもて》に出しなされ。怖《こわ》がらんでよいぞ。書といたせ。それで皆にお渡《わた》し下され。縁ある者自《おの》ずと手にいたし、お喜び頂《いただ》けるようになりておるぞ。間違いないから、そのまま世に出せ。ここも使えんようになるゆえ申しおるのじゃぞ。それぞれ縁ある者の手元に置かねばならん時来るから、書き写すのじゃぞ。

これまでは映しのお役でありたが、これからは挟《はさ》みのお役となりて、これ伝えよ。縁ある者に伝え下され。宗教《しゅうきょう》でないぞ。教えぞ。金儲《かねもう》けならんぞ。要《い》らん金生むなよ。要《い》るだけ貰《もら》えばよい。要《い》るだけあれば、後《あと》は要《い》る所へと廻《まわ》ってゆくぞ。誠《まこと》の金とは、要《い》るだけあればそれで良いのじゃ。溜《た》めるなよ。奪《うば》うなよ。世に廻せよ。世界中の民《たみ》に廻せよ。溜《た》める者いよいよ笑われますぞ。見て分かるとは、そのことぞ。次第《しだい》に要《い》らなくなるぞ。要《い》るのは、もう暫《しばら》くのことじゃ。金は、人民縛《しば》る道具でありたぞ。便《べん》を装《よそお》い生んだ縛りの仕組み。魔物《まもの》の仕組みに、いつまでも縛られておるなよ。無き物いよいよ無くいたすぞ。要《い》らん物いよいよ無くいたすぞ。

水、皆で分けよ。奪い合うなよ。皆で分けお暮らしなされ。地は大変わりじゃ。生まれ変わりぞ。衣替《ころもが》えいたすのじゃから、ちと暫《しばら》く人民辛抱《しんぼう》いたされ。死んでも生まれ変われるゆえ、苦しまず喜んで死になされよ。じゃと申して自ら死ぬなよ。取り違《ちが》い禁物《きんもつ》じゃ。危《あや》うい危うい。靈となりても苦しまんよう、神に抱《いだ》かれていなされ。身体《からだ》、変わるぞ。みな変わるぞ。それぞれに変わるぞ。宇宙《うちゅう》全体が変わってゆくのじゃ。人民に見当とれん。分からんで良いぞ。分からんで愉《たの》しむが真《まこと》ぞ。それぞれお役にうれしたのしやお暮らし下され。分かりやすう説いて聞かせておるのじゃぞ。偽《にせ》物《もの》偽物申すそなた、難《むずか》しくややこしく申して分からんから、ここまで平《ひら》とう説いておるのじゃ。この身魂《みたま》、天明付《てんめいつ》けて分かりやすく申さしておるのじゃから、いよいよ、裏方話《うらかたばなし》いたさねばならんのう。これも皆々仕組み通りであるなれど、元《もと》からの仕組み、分かるお方おらんのぞ。伝える時に伝えて来ておるなれど、分からん者はどこまでも分からんから聞き耳持たんなれど、いよいよ縁《えん》ある者には、この御魂遣《みたまつか》って伝えて参るから、喜んで集《つど》って下されよ。要《い》らん者、毒となるゆえ、引《ひ》っ張《ぱ》って下さるなよ。見《み》透《とお》しゆえに、何もかも来《こ》んで良いぞ。縁ある者とは、喜び勇んで来る者のみじゃ。己《おのれ》よくよく見分けてから来なされよ。その人相応にもの申すゆえ、恥《はずか》し思いせんよう身《み》魂磨《たまみが》いて参りなされ。

生命貴《いのちとうと》し生けるもの、みな大事なお役目あるのぞ。殺すなよ、壊《こわ》すでないぞと申せば、生きてゆけぬと申す方多いのう。殺すでないぞとは、生かせよと申すことぞ。無《む》駄《だ》にいたすなよと申すことじゃ。感謝《かんしゃ》なさり無駄になさるなと申すことぞ。誠《まこと》の感謝いたされよ。命頂《いただ》いたお詫《わ》びいたし、生かさせてもらえること感謝いたされよ。草木、虫けら、獣《けもの》、皆々生かせよ。壊すなよとは、苦しませるなと申すこと。みな苦しむまで壊すなと申しておるのじゃ。殺すなよ。友、殺すなよ。皆いなくなるぞ。人民いよいよ半分となるぞ。三分の一、難《むずか》しいぞ。自《おの》ずとなるのじゃ。獣《けもの》、草木、虫けらいなくなれば、そなたらも無くなる道理。因果だけのこと、人民みなで払いなされ。借金済《す》ましとはそのことじゃ。因果狂《くる》わすことならん。ゆえに他《た》の星の方々手出しならん。そなたらも因果だけ払わねばならんのぞ。そなたらがもたらした科学がこうしたのじゃから、人民共々借金済まされよ。みな分からんであろうが、他《た》の星の者が来て、それぞれに知恵《ちえ》付けさして、それぞれの御魂《みたま》栄えさせて来たのじゃが、結果揉《も》めさせてこうして人民苦しめることとなったのじゃから、そのツケ払わねばならんのぞ。どうじゃ、因果であろうに。

想念界から巧《たく》みに入《はい》り込《こ》んで、人民手なずけて事運ぼうとして来た因果は免《まぬが》れんぞ。どこまでも苦しまねばならんぞ。この地《ち》、大神見ておる雛型《ひながた》であるゆえ、そなたらもどこへも逃《に》げられんぞ。すべて見透《みとお》しじゃ。己《おのれ》どもの㊍壊《ほしこわ》して、次々蝕《むしば》むこと、もうならんぞ。魔物の親、この方《ほう》でもあるぞ。そなたらの真《まこと》の大親であるぞ。逃げられん。勝ち目も無いぞ。皆々手のひらじゃ。これが、世の元からのお仕組みでありたぞ。

人民、目覚《めざ》めよ。⦿《まこと》理解いたし歩まれよ。新しい能力《のうりょく》次々現《あらわ》れ、びっくりじゃのう。真《まこと》の神人《かみひと》となりて、お役目一斉《いっせい》にいたし下され。そろそろ数も揃《そろ》うて来たぞ。これから一気に変わりゆきますぞ。生まれ変わりの仕組みいたすぞ。魔物、想念界は消えますぞ。次に進めよ。お役替《か》えさせて頂けよ。人民、時間差あるぞ。そなたらの世界には後《あと》から顕《あらわ》れて参るから心いたされよ。何事も靈の世界から始まりますのじゃ。要《い》らん想念界一掃《いっそう》じゃ。いよいよ変わって参りたのう。うれしうれしたのしたのしはじまりはじまり。人民楽しみにいたして下されよ。もう暫《しばら》くの辛抱《しんぼう》じゃ。

二〇〇七年六月十四日　艮金神《うしとらのこんじん》　うれしうれしたのしたのしとなりましたぞ。

「ら」の巻

皆々《みなみな》うれしうれしたのしたのしとなり、世は花開く。艮金神《うしとらのこんじん》、すべてに充《み》ち満《み》つ世となる。真言《まことごと》、みな真《まこと》となりて、あのおのうとなる。これ皆、神界《しんかい》の秘文《ひふみ》でありたなれど、時来《きた》りて映《うつ》す。今、これにある御魂《みたま》、神人《かみひと》として遣《つこ》うておるが、季節共に変わりゆく。今は、神示《ふで》映《うつ》すお役、歌唄《うた》うお役、伝えるお役、鏡《かがみ》のお役、挟《はさ》みのお役であるなれど、これからは皆に映すお役ともなる。それぞれに必要なことも映すゆえ、何でも聞きなされ。その度《たび》に、神々も靈人殿《れいじんどの》も入れ替《か》わり申さすゆえ、素直《すなお》に聞きなされ。我《が》強い者、覚悟《かくご》いたされよ。誉《ほ》め言《ごと》ばかりでないゆえ、身魂磨《みたまみが》いてから来なされよ。この者、一人では対応しきれんゆえに商売させぬなれど、この道縁《えん》ある者引き寄《よ》せて、それぞれに言葉授《さず》けるゆえ喜んで来なされ。身魂《みたま》磨き一等ざぞ。隠《かく》しておいたこの御魂《みたま》、いよいよ遣《つか》って表出《おもて》て参るから、縁《えん》ある者喜んで来て下されよ。健仁《たけひと》、皆に見せて生き証人《しょうにん》として分かるようにいたさすから、覚悟《かくご》良いな。

これからは、にっちもさっちもゆかぬ世となるから人民狂《くる》うなれど、この道縁ある者たちしっかりと褌締《ふんどしし》めて、縁ある者たちを導《みちび》かねばならんぞ。まずは食う物無くなるゆえ、今のうちから対応して参りなされ。水も無くなるゆえ、大切にしなされ。奪《うば》い合いが多くなるゆえ、皆で取り決めて分配する仕組み考えなされ。金要《かねい》らぬようになるから、今のうちに畑買《こ》うて、皆で耕《たがや》しなされ。いよいよ、国も国として手つけられなくなるから、その時は、新しい世界《くに》みなで造《つく》る気持ちで、今のうちから準備《じゅんび》なされ。金の要《い》らぬ世の始まりじゃ。

獣《けもの》、草木、虫けら、殺すでないぞ。みな大切にいたせ。何も食うなと申しておるのでないぞ。大切に生かしきれと申すのぞ。じゃが、食うと無くなるぞ。ようく考えて皆で歩まれよ。

裏切《うらぎ》る者も多く出て参るなれど、ふるいに掛《か》けられるから、ほっときなされ。よほどしっかりせねば、生きてゆかれんぞ。因縁《いんねん》だけの借金は返さねばならんのう。困《こま》った時の神頼《かみだの》みは、それだけの改心してからのこと。因縁だけ苦しみなされよ。苦しんで汚《よご》れ落として貰《もら》いなされよ。罰《ばつ》ではないのじゃぞ。神に罰はないのじゃ。因果《いんが》であるぞ。人民、因果知ること大切ぞ。新し世の礎《いしずえ》となるのじゃ。ゆえに他《た》を愛すること真《まこと》とし生きる人民ばかりが、新たに遣《つか》う臣民《しんみん》として残るのじゃぞ。分かりたか。いよいよ、苦しくて嬉《うれ》しい世の幕開《まくあ》けじゃ。あっぱれあっぱれ。

二〇〇七年七月七日　艮金神《うしとらのこんじん》　うれしうれしたのしたのし日となった。

「り」の巻

早くここに参りなされよ。これから申すこと、良くお聞きなされ。皆々《みなみな》生かされておることの意味をしっかり伺《うかが》いなされ。何ゆえに在《あ》るのか。それぞれの因果《いんが》だけ顕《あらわ》れておるのじゃから、いつまでも他《た》のせいになさっておっては、笑えぬ日々《ひび》過《す》ごすだけとなりますのじゃぞ。どうかお分かり下されよ。こうしてまた降《お》ろさせておるのも、⦿《まこと》伝えねば分からんお方多いゆえに、苦しむお方多いゆえに申さすのじゃ。

今までは今までじゃ。過去《かこ》に囚《とら》われて下さるなよ。いつもそなたは、愛されたいがゆえに誰彼《だれかれ》のせいにいたし、終《しま》いには神のせいにいたし生きておったが、それでは喜び無くなりますぞ。何ゆえに、そうなっておるか。すべては鏡《かがみ》でありますのじゃ。そなたが望んだ顕《あらわ》れではないか。嘘《うそ》つけば嘘つかれる道理、お分かり下されよ。同じ輩《やから》が集まって慰《なぐさ》めあっておっても、なかなか変われぬわいのう。ゆえにこうして、時折叱《しか》らねばならぬわいのう。親の気持ち察《さっ》する子、うれしうれしたのしたのし生きられるぞ。

愛されたいと思うて、あれやこれや人様悪く申したり、色々な仕組み手練手管《てれんてくだ》もお止《や》め下されよ。そなたは、既《すで》に愛されておるのじゃぞ。そのことにお気づきなされよ。皆々愛されておるのじゃ。そのこと不服申さずに受け入れてみなされ。そなた愛する者たちの姿《すがた》、映《うつ》り出しますぞ。過去に囚《とら》われ、我《われ》は何者じゃ、我は何者の生まれ変わりじゃと申すお方殿《どの》、まだまだ多いのう。威張《いば》っておっては、人は離《はな》れて参りますのじゃ。素直《すなお》に頭下げて、感謝《かんしゃ》なされ。笑ってみなされ。みんなに愛されますぞ。いくらでも見本となっておられます方ありますぞ。世界中の病《やまい》の元《もと》、愛されたいという囚《とら》われであった。愛されておることに気づくこと。日《ひ》も月《つき》も地《ち》も、神々様皆々そなたを愛しておりますぞ。ゆえに存在《そんざい》いたしておること、いよいよ理解《りかい》なされよ。

世は変わりたのであるぞ。神世《かみよ》となりておるのじゃから、目に見えるびっくりが次々顕れますぞ。メリカも変わるぞ。無くなるぞ。いよいよ、神が動きますぞ。神とは、地《ち》の大神、そなたらの足元でありますぞ。神無き世、終わりましたぞ。仏《ほとけ》、いよいよ変わりましたぞ。◎《まこと》いよいよ次々顕れて参りますから、うれしうれしたのしたのしじゃなあ。

これから、ここに書き記《しる》させて参りますから、健仁《たけひと》、頼《たの》みますぞ。笑えば、なんと楽しき映《うつ》しかのう。たのしたのしお役いたされ。笑え笑え。繋《つな》がり、今までご苦労であった。これから新たなお役。笑え笑え、すべて繋がり、うれしうれしたのしたのしじゃなあ。

艮金神《うしとらのこんじん》、お顕れじゃ。いよいよ、一一一一じゃ。あっぱれ、ふじはれたりひのもとはれ。ひふみよい。現《あらわ》れる。洗《あら》われる。救世《アラ》主《ー》我《われ》居《い》る。うしとらこんじん、あらわれる。

ひふみよい。ひとふたみよいつむゆななやここのたり。うるうるう。おろおろお。

あえいおう。

神人《かみひと》共に現《あらわ》れる。おろおろお。えみためえみため。うれしうれしたのしたのしじゃぞ。

二〇〇七年十二月五日　艮金神《うしとらのこんじん》　いよいよ動きますぞ。あっぱれじゃ。

「る」の巻

あいうえお。おろおろお。うるうるう。
みなみな、うれしうれしたのしたのしとなった。
これから、ある、ある、ある、ぞ。これみな、有《あ》る神のお働きぞ。
艮金神《うしとらのこんじん》、⊕《あい》することの意味、伝えるぞ。
⊕《あい》するとは、他貴《たとうと》ぶ思いに至《いた》り、在《あ》ることぞ。
ゝ《ひと》みな、○《れい》と、☼《かみ》と、⊕《あい》さねばならんぞ。
うれしうれしたのしたのしとなるのが、◎《まこと》であるのぞ。
ならねばなるよういたさすのが、神の仕組みであるぞ。

この神、有《あ》る神の姿《すがた》であり、映《うつ》りである。

この地、生まれ変わる時、いよいよ参りましたぞ。

どこにも逃《に》げられんぞ。皆々《みなみな》それぞれ映るぞ。

変わらぬもの何一つ無いのであるぞ。

変われぬもの何一つ無いのであるぞ。

皆々変わる変わる変わる。

いよいよ◎《まこと》知る年明けるのぞ。

いよいよびっくり驚《おどろ》く時来たぞ。

⊕《あい》すること知るため、皆に与《あた》えておるのじゃから、うれしうれしたのしたのしと、時迎《むか》えるのであるぞ。

これ分かる者、既《すで》にお役いたしておる者であるぞ。

うれしうれしたのしたのしお役いたされよ。

そなた、うれしうれしたのしたのし生きて下されよ。

そなた、お役授《さず》けてあるぞ。隠《かく》してあるのぞ。
早《はよ》う気づいて下されよ。
おーろーおーろーおー。
うーるーうーるーうー。
あーえーいーおーうー。
うーるーうーるーうー。
あーいーうーえーおー。
神人《かみひと》唄《うた》う。共に唄う。あーいーうーえーおー。
いよいよ、めでためでたじゃな。うれしうれしじゃな。
二〇〇七年十二月三十一日　艮金神《うしとらのこんじん》　うれしうれしたのしたのしであるぞ。

#「れ」の巻

皆々《みなみな》うれしうれしたのしたのしとなった。これからのことを申す。我《が》ばかりの人民、いよいよ皆に知られ恥《はずか》し思いいたさねばならなくなったぞ。どんなお偉《えら》いさんも、すべて丸裸《まるはだか》となりて頭下げ謝《あやま》らねばならぬわいのう。頭下げて改心させて頂《いただ》ける、ありがたい機会を与《あた》えられておるのじゃから、とことん納得《なっとく》ゆくまで頭下げて改心いたされよ。泣いて詫《わ》びて、泣いて喜べよ。

うれしうれしたのしたのし、笑ってお亡《な》くなりになられよ。死とは、考え方に従《したが》ってみな現《あらわ》れて参るぞ。ありがたく死ねれば、お見事じゃ。ご守護《しゅご》なさっておられます方々、みな拍手《はくしゅ》で迎《むか》えて下さるぞ。自分で命亡くすもの、死んでも皆に叱《しか》られますぞ。

死んで無くなるのではないぞ。新たなる世界、学校にお移《うつ》りになるのじゃぞ。皆々繋《つな》がっておるのじゃ。いつまでも、騙《だま》されておるでないぞ。早《はよ》う目醒《さ》まされよ。時、来ておるゆえに、素直《すなお》に変わりて下され。ますます神激《はげ》しくなりて、発根《ほっこん》の改心されるから、うれしうれしたのしたのしといたさすから、愉《たの》しみにいたしておりなされ。怖《こわ》くて嬉《うれ》しいお仕組みじゃ。

分からぬ者、皆々改心足らんぞ。偉ぶっておっては、改心遅《おく》れるぞ。助かる人民とは、喜びに繋《つな》がる御魂《みたま》であるぞ。死んでも助かるのじゃぞ。生きてまだまだ学ばさす人民も多いぞ。生きてうれしうれしとなる人民いよいよ少ないぞ。改心さして練《ね》り直して次の世に導《みちび》くゆえに、その御魂相応《みたまそうおう》に歩まれよ。守護靈殿《しゅごれいどの》、共に歩まれよ。みな靈《れい》から現《あらわ》れておるゆえ、鏡《かがみ》であるのじゃぞ。靈、人、共にうれしうれしたのしたのし、真《まこと》ぞ。口ばかりの輩《やから》、笑われますぞ。いよいよ大事な時節《とき》来ておるのじゃ。素直になされ。

魔物《まもの》、消えておるのぞ。やりたい放題いたして消えてゆくのじゃぞ。今までの恨《うら》みつらみ、皆々吐《は》き出さして改心さして、新たな役目に導いておるのじゃ。人民心《じんみんごころ》では、分からんのう。そなた、この方《ほう》の言葉聞こえるか。聞こえぬのは、聞こえぬだけの粕《かす》溜《た》まっておるのじゃ。素直になれんのは、粕溜まっておる状態《じょうたい》申すのじゃぞ。綺麗《きれい》綺麗に掃除洗濯《そうじせんたく》なされよ。遅《おそ》くないぞ。御魂《みたま》どこまでも救うぞ。待ちておるのじゃぞ。地《ち》の大神、ご活動じゃ。激《はげ》しくなるぞ。ますます泣いて詫《わ》びねばならん時となりたぞ。お蔭《かげ》落とさんよう、マコトのお役目に歩まれよ。

いよいよ、食う物食えんようになるゆえに、分かる者準備《じゅんび》いたし備《そな》えよ。お役目いたすに、生きねばならんのじゃぞ。己《おのれ》ばかりで歩むなよ。分かる者共に手取り合って、うれしたのし和すお仕組み歩まれよ。いよいよ、天国にも地獄《じごく》にもなるのじゃ。それぞれの御魂相応《みたまそうおう》になるのじゃ。すべて仕組みてあることゆえに、真道《まことみち》歩まれよ。真《まこと》、信じられる御魂《みたま》となりて喜び歩まれよ。因果《いんが》となりてあるのじゃから、執着《しゅうちゃく》なさるなよ。変われ変われどこまでも、うれしうれしたのしたのし歩まれよ。これ、御魂《みたま》の仕組み。喜び勇む世の元からの一厘《いちりん》の仕組み。

ひふみよいむなやこともちよろず。

うしとらおおかみやさかいやさか。

大神みなみなうれしうれしたのしたのし在《あ》るのぞ。己、この方《ほう》のお役一部。

うしとらおおかみやさかいやさか。

これまでのお役目ご苦労でありたぞ。唄《うた》え唄え。うれしうれしたのしたのし歩むお役じゃ。皆々寄《よ》り集《つど》い楽しまれよ。分かる者分かるよういたしておるぞ。偽物《にせもの》、いよいよ次々現《あらわ》れ、うれしうれしたのしたのし改心いたしますぞ。どこまでもうれしうれしたのしたのしじゃなあ。あっぱれあっぱれあっぱれじゃ。どこまでも改心の涙《なみだ》でうれしうれしじゃなあ。大喜びいたし、神々様もたいそうなお祭りじゃ。氣《き》、目に見えぬ真《まこと》じゃ。目に見えるのは、過去《かこ》の因果じゃ。大神とは、そなたらすべてを産《う》み育《はぐく》む御魂《みたま》そのもの。足元、頭つけて喜べよ。喜んで頭つけなされよ。いよいよ、皆々改心いたさすぞ。あっぱれじゃ。あっぱれじゃ。あっぱれじゃ。

艮大神《うしとらのおおかみ》、いよいよ笑い唄う。

大日月地大神《おおひつくおおかみ》、いよいよ笑い唄う。
大日月地大神、みなみな唄う。
おーおーおーおーおー
うーうーうーうーうー
あーあーあーあーあー
えーえーえーえーえー
いーいーいーいーいー
やーやーやーやーやー
れーれーれーれーれー
ゆーゆーゆーゆーゆー
よーよーよーよーよー
らーらーらーらーらー
りーりーりーりーりー

るーるーるーるー
ろーろーろーろー
日月地《ひつきち》、輝《かがや》きはじめ。

二〇〇八年六月二十日　艮大神《うしとらのおおかみ》　うれしうれしたのしたのし唄い笑う。

「ろ」の巻

うれしたのし幕開《まくあ》け、日々《ひび》顕《あらわ》れておろうがな。どこまでもうれしたのしお受けなされよ。まだまだ、あら何としたことかと笑うこと多くありますぞ。健仁《たけひと》、これからうれしたのしお役。うれしたのしお歌唄《うた》いなされ。今までご苦労であったな。日々の苦労分からんであろうなれど、いろんなお方お尋《たず》ねなさりての御用《ごよう》であった。今までは今までといいたし、これからますます日々お尋ね多くなるゆえ、まだまだ大忙《おおいそが》しであるなれど、うれしたのし笑《わろ》うて仕《つかまつ》れ。いろんなお方、現《あらわ》れるぞ。靈《れい》も人も皆々《みなみな》あらゆる世界のお方来られるから、動《どう》じん御魂《みたま》あら愉《たの》し。

皆々これから動くぞ。必要な所へ向かうぞ。眠《ねむ》っておりた御魂《みたま》いよいよ活発になるぞ。必要な者、いよいよ合わせるから、難儀《なんぎ》せず楽しみにいたされよ。この方《ほう》、分かる御魂《みたま》多く寄《よ》せ集めて参るから、うれしたのしじゃな。みな因縁御魂《いんねんみたま》。これ世の元《もと》から始め、くるくる廻《まわ》って生まれ変わってここまで来たぞ。皆々縁《えん》ある者傍《そば》に引き寄せ、うれしたのしで峠越《とうげこ》させるゆえ、縁ある者みな大事にいたされ。星はそれぞれ、皆々寄せ集めじゃ。どうじゃ、あっぱれ見事な星空じゃ。縁ある星、皆々それぞれ引き寄せて、練《ね》り直して因縁解消《かいしょう》さして、今笑《わろ》うておられるのぞ。縁とは、それぞれ皆々必要に応《おう》じて作り上げておるのぞ。神仕組みよのう。分からん仕組みよのう。うれしたのしのお仕組みじゃ。どうじゃ、分からん者分かるようにいたして参るか。まだまだ、お仕事多いぞ。靈人殿《れいじんどの》、分かるか。分からねば、引き寄せて知らすから参れ。これからますます世に出て参るから、因縁祓《ばら》いいたしてゆくぞ。

　真《まこと》見える者少ないな。我《われ》が我《われ》がのお偉《えら》いさんばかりじゃ。天晴《あっぱ》れ開く真《まこと》の光見せてゆくぞ。目見開いてよく見よれ。因縁祓《ばら》いいたすぞ。神靈人《かみひと》、共にあるのぞ。縁者見《えんじゃみ》抜《ぬ》けよ。真《まこと》見抜けよ。流されるには流される因縁、消えんのぞ。まだまだ、世の因縁。

笑え笑え、どこまでも日々《ひび》笑いなされよ。笑う者、楽に過《す》ごせるぞ。笑えん御魂《みたま》、御《み》魂相応《たまそうおう》に荷背負《せお》わせておるぞ。苦しみ、苦しみと思うなよ。学び糧《かて》といたし、ありがたくうれしたのし頂《いただ》けよ。身といたせ、日々御魂《みたま》太るぞ。光るぞ。笑え笑え、笑えば愉《たの》しなる仕組み。何としたことか。笑って真《まこと》知れますぞ。世の立て替《か》え、笑《わろ》うて変えるお仕組みじゃ。笑えんそなた、まだまだぞ。苦しみ足らんか。笑えば腹《はら》も綺麗《きれい》になるのぞ。因縁だけ、笑いなされ。己《おのれ》、皆々一切《いっさい》笑いなされ。皆、そなたして来たこと見させておるのじゃ。因縁見せておるのじゃぞ。うれしたのしじゃな。大き目で見んと見えんぞ。己、何度も何度も生まれ死に繰《く》り返し、因縁巡《めぐ》っておるのぞ。苦しい思うは、思うだけあるのぞ。嬉《うれ》しい愉《たの》しいありがたいなりたら、先進むぞ。あら愉《たの》し、身魂磨《みたまみが》きじゃなあ。

久しく顕《あらわ》れてなかったなれど、顕れておったのじゃぞ。見てみなされ、てんやわんやのお祭りじゃ。いよいよ祭り、祭り愉《たの》しくなりますぞ。縁ある者、集《つど》え、唄《うた》え、笑え、踊《おど》れ、うれしうれしたのしたのし、お祭りじゃ。これ、〵磨《まこと》けた者だけ分かりますぞ。

うるうるう。おろおろお。えみためえみため。

日暮《く》れ、日昇《のぼ》り、月移《うつ》る、星流るる、世の御魂鎮《みたましず》め。

うれしーうれしーたのしーたのしー、おーおーおー、おーおーおー。

日月地《ひつきち》大神《おおかみ》、うれしうれしたのしたのし◎《まこと》世明け。

二〇〇八年十二月十日　艮大神《うしとらのおおかみ》

#「わ」の巻

ふるい掛《か》けたる充《み》ち満《み》つ開きの神唄《うた》う。この歌唄う。
ニニギニギヒノミコト　弥栄弥栄《やさかいやさか》
ニニギニギヒノミコト　弥栄弥栄
ニニギニギヒノミコト　弥栄弥栄
みちみつひらきのかみ　弥栄弥栄
みちみつひらきのかみ　弥栄弥栄
みちみつひらきのかみ　弥栄弥栄
うーるーうーるーうー

おーろーおーろーおー
えーめーえーれーえー
みなーみなー
うれーしーうれーしー
たのーしーたのーしー
うーるーうーるーうー
おーろーおーろーおー
えーめーえーれーえー
うれーしーうれーしー
たのーしーたのーしー
⊘《まこと》開き光満つ
うれしたのし⊘《まこと》光満つ
うーうーうー

あなーさーやーけー
あなーすーがーすーがーしー
ふじーはれーたーりー
にほーんーばーれー
うーれーしーうーれーしー
たーのーしーたーのーしー
言靈幸う《ことたまさきわ》
うれーしーかーあーなー
やーやーやー
うーうーうー
おーろーおー
いーりーいー
うーるーうー

へーれーえー
みーりーいー
すーつーるー
るーゆーるー
りーひーりー
みーしーにー
りーしーにー
くーるーうー
こーろーをー
せーえーねー
きーかーせー
つーくーるー
にーにーぎーにーぎーひーみーこーとーのーれーーー

うーれーしー　うーれーしー　たーのーしー　たーのーしー
草木花この花嬉《うれ》しい
きけくぬその　しすぬそとに　声高らか唄う
二〇〇八年十二月十二日　艮大神《うしとらのおおかみ》

「ん」の巻

ひふみ
よいむなや
こともちろらね
しきる
ゆゐつわぬ
そをたはくめか
うおえ
にさりへて

のますあせゑほーれーけー
ひふみゆらゆら
ひふみゆらゆら
ゆらゆらとふるえ
うるうるう
おろおろお
あらわらわ
えれえれえ
いりいりい
大《おお》日《ひ》月《つ》地《く》大神《おおかみ》　守《まも》り給《たま》え浄《きよ》め給《たま》え
大日月地大神　守り給え浄め給え
大日月地大神　守り給え浄め給え
うれしうれしたのしたのしありがたいありがたいかわるかわる

おーおーうーうーうーあーあーあー
艮金神《うしとらのこんじん》、艮大神《うしとらのおおかみ》となりて、のちに艮日月地大神《うしとらひつくおおかみ》と成りなりて、
さらに大日月地大神《おおひつくおおかみ》となるのぞ。同じであるのぞ。
天地《あめつち》ぞ。ウのご神靈《しんれい》ぞ。大靈団《おおれいだん》でありますのぞ。
神靈人《かみひと》共にあるのぞ。

暫《しばら》く出るゆえ縁《えん》ある者よく読んで下され。

二〇一六年一月十二日　大日月地大神《おおひつくおおかみ》　時戻《もど》りて伝う。

神人（かみひと）

一九六九年、青森県八戸市生まれ。京都市在住。シャーマン、ミュージシャン。「地球愛まつり」発起人。幼少期から数多くの神靈体験をかさね、一九九八年よりいろいろな異次元存在たちとの対話が始まって以来、人生が一変。浄靈・浄化の音靈、「祈り唄」「祭り唄」を中心とするライブ活動を全国各地で行うとともに、日々異次元存在たちから教わってきた話を元に、「宇宙・地球・神・靈・人・生・死・靈性進化」などをテーマに、真実を伝えるための講演活動を続けている。

ホームページ　http://kamihito.net

大日月地神示【前巻】（おおひつくしんじ）

二〇一八年六月　六日　第一版第　一刷発行
二〇二三年一月二三日　第一版第一〇刷発行

著　者　神人

発行者　石垣雅設
発行所　野草社
東京都文京区湯島一－二－五　聖堂前ビル　〒一一三－〇〇三四
電話　〇三－五二九六－九六二四
ファックス　〇三－五二九六－九六二一
静岡県袋井市可睡の杜四－一　〒四三七－〇一二七
電話　〇五三八－四八－七三五一
ファックス　〇五三八－四八－七三五三

発売元　新泉社
東京都文京区湯島一－二－五　聖堂前ビル　〒一一三－〇〇三四
電話　〇三－五二九六－九六二〇
ファックス　〇三－五二九六－九六二一

印刷・製本　萩原印刷株式会社

ISBN978-4-7877-1883-9　C0014